皮膚感覚の不思議

「皮膚」と「心」の身体心理学

山口　創　著

ブルーバックス

装幀／芦澤泰偉・児崎雅淑
カバー写真／ ©Lester Lefkowitz ／ CORBIS ／
amana
本文扉・もくじ／工房 山﨑
本文図版／さくら工芸社

はじめに

最近、足ツボのマッサージを頻繁に受けに行くようになった。最初は足の裏をギュギュッと押される痛みに耐えているが、もちろん単に不快なわけではない。そのうち快感をおぼえるようになる。その快感にハマッて通う人は多い。

こうなると、「痛みは不快な危険信号」とする従来の説は訂正しなければならないだろう。実際、最近、痛みと快感は脳でリンクしていることが分かってきた。さらに、発生的にも皮膚と脳は兄弟関係にあるといえる証拠が続々と出てきた。まさに「皮膚は露出した脳」なのだ。その上「痛み」や「痒《かゆ》み」といった皮膚感覚についても、これまでは生理学的側面だけで解明できるとされてきたが、現在では、心理的な影響も考えなければならないことが、当然のこととなってきた。

皮膚感覚が心と密接に関わっている例として、たとえば同じ部位を同じように触れられたとしても、好きな人に触れられると気持ちいいのに、嫌いな人から触れられると、「鳥肌が立つ」ほどゾッとすることがあげられる。また親しい恋人同士や親子で、くすぐり遊びをすることがあるが、親しくない人からくすぐられても、まったくくすぐったくない。愛しい恋人からくすぐられると、それは次第に性的な快感に変貌し、セックスに発展することもある。皮膚感覚は対人関係のアンテナとしての役割をもつのだ。

新生児の口元に触れると、そちらに顔を向けて口をあける。母親の乳首を吸おうとしているのだ。そして親子のスキンシップは、何よりも両者の絆を強めるはたらきをしている。スキンシップは赤ん坊にとって、「心の栄養」だとさえいえる証拠も出てきた。

皮膚感覚は「生きていくために」きわめて重要な役割をもっているといえよう。赤ん坊の頃は未熟な生命を支え、親子の慈愛に満ちた対人関係の基盤を築く。成人後はそれを礎《いしずえ》として対人関係を広め、またそれを見極めるアンテナとしてもはたらいている。そして生殖のための性感もまた、皮膚感覚なしには感じられないものである。

それにもかかわらず、私たちは日常生活のなかで、皮膚感覚を意識することはほとんどない。今日一日、何に触れたか、それがどんな触感だったか思い出してほしい。人工物に囲まれて生活する私たち現代人が触れるものといえば、ツルツル、スベスベといった単調な感触ばかりだろう。「さわらないで」という警告が、あちらこちらにあふれている。大人になれば、スキンシップもほとんどしなくなるだろう。学問的にも、視覚などと比べて、皮膚感覚はきわめて原始的な感覚だとして、注目されることはあまりなく、研究は遅れている。しかし皮膚感覚が心と密接に関わっているとすれば、それがなおざりにされているということは、当然の結果として、何らかの心の問題が起きても不思議ではない。

本書は、ヒトが本来もつ鋭敏で豊かな皮膚感覚のはたらきに改めて目を向けて、その機能を取り戻すことを願って書かれた。本書の趣意は「皮膚＝心」、すなわち皮膚感覚から心を育てることにある。そのため本書は、とくに子育て中の人や、これから子どもを育てる方々にも読んでいただきたい。また、皮膚感覚をアンテナとして磨くことで、信頼に足る直感やひらめきが鋭くなる。本書ではそのための具体的なアイディアも提案している。本書が、現代に生きる大人や子どもの「心の問題」を、少しでも解決する糸口となることを念じてやまない。

本書ではできる限り最新の学問的な裏付けのある事実をもとに筆を進めたつもりだ。しかしこのような発想は冒険的で、従来の学問的な常識を超える部分もある。本書の読者諸氏から、率直なご批判を賜ることができたら、この上ない幸せに思う。

さて本書を書くに当たっては、たくさんの方々から御協力をいただいた。著者の研究を快くお手伝いして下さった多くの施設の方々、また長時間の議論をし、研究を共にしてくれた研究室のメンバーたち、研究のヒントや体験の場を提供してくれた家族にも感謝したい。

最後に、数々の的確な指摘を出してここまで導いて下さった、講談社ブルーバックス出版部にも心から感謝申しあげる。

二〇〇六年一〇月　山口　創

皮膚感覚の不思議 —— もくじ

はじめに 5

第1章 触れる! 15

1-1 触覚のしくみ 16

触覚とは何か16/触覚の受容器18/刺激と順応20/自己を知る感覚21/識別感覚の四機能22

1-2 触覚の脳への伝達 25

二つの伝導路25/切り換えポイント28/伝達速度29/C線維の役割31

1-3 触覚と固有感覚 33

皮膚の内側にある感覚33/固有感覚の性質34/アクティブタッチ37/アクティブタッチの仕組み40/手を動かすことの大切さ41

1-4 **触覚の進化** *43*
遠隔感覚の獲得*43*／原始的な感覚*44*／触覚はなぜ敏感なのか*45*／親密さを伝える触覚*47*
1-5 **第六感としての皮膚感覚** *48*
ヴァーチャルな触覚*49*／皮膚感覚による直感*50*／対人関係で働く皮膚感覚*52*

第2章 痛い！ *55*

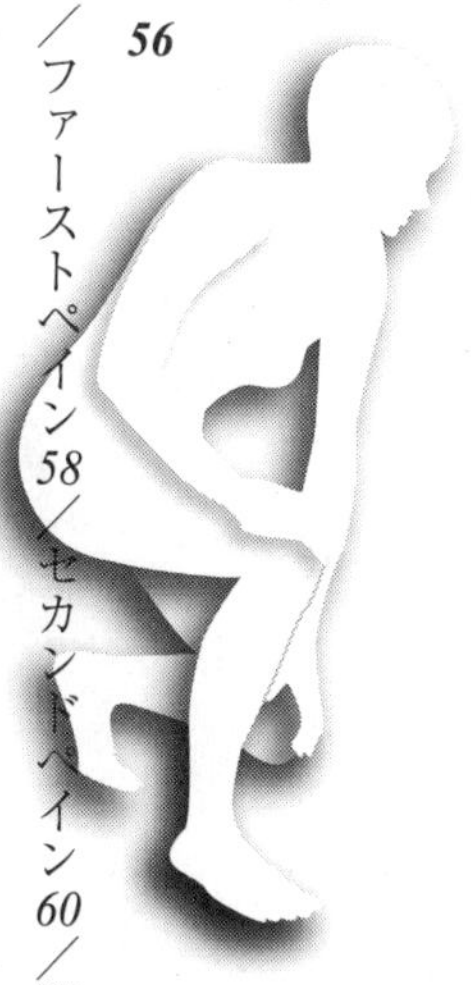

2-1 **痛みのメカニズム** *56*
「痛み」とは何か*56*／ファーストペイン*58*／セカンドペイン*60*／脳への痛信網*61*／「痛み」の古典理論*64*／ゲート・コントロール説*65*／痛みの抑制系*66*
2-2 **人それぞれの「痛み」** *67*
痛みの経験*67*／痛み経験と痛みの意味付け*69*／痛み経験と痛みの程度*70*／痛む部位への意識と痛みの程度*72*／痛みの意味と痛みの程度*74*／体の痛みと心の痛み*76*／痛みの民族差*78*／痛みの訴え方*79*／痛みの性差*80*

2-3 痛みと心の発達 82
痛みを学ぶ82／痛みから学ぶ84／他人の痛みを知る85／痛みを知らない心86

2-4 「痛み」の進化論 88
「痛み」のもつ意味88／慢性痛の原因91／進化からみた慢性痛93／痛み記憶の不思議94

第3章 痒い！ 97

3-1 「痒み」とは何か 98
「痒み」の定義98／痒みは「弱い痛み」？99／痛みと痒みは別の感覚？101／痒みのゲート・コントロール説103

3-2 痒みのメカニズム 104
中枢性の痒み104／末梢性の痒み105／痒みの伝導路107／痒みを伝える神経108／掻けば掻くほど……109

3-3 ストレスと痒み *111*

痒みはなぜ不快なのか *111*／アトピーの痒み *113*／ストレスと痒みの程度 *114*／掻き癖 *115*／掻き癖を生むストレス *117*／痒みの心理的意味 *119*

3-4 「痒み」の進化論 *120*

警告信号としての痒み *120*／痒みは進化の名残？ *122*／痒みは文明への警鐘？ *123*

第4章 くすぐったい！ *125*

4-1 くすぐったさの正体 *126*

くすぐったさの五条件 *126*／軽いタッチであること *128*／重いくすぐったさ *129*／他人がくすぐること *131*／くすぐる人と親密なこと *133*／くすぐられて笑うラット *135*／他人に触れられることのない部位をくすぐられること *136*／コミュニケーションとしての感覚 *138*／明るい雰囲気であること *140*／心＋体の反応 *141*

4-2　くすぐったさと心　*142*

くすぐったさの生理学*142*／くすぐられるとなぜ笑うのか*145*／「快」であり「不快」でもある感覚*147*／いつからくすぐったがるのか*149*

4-3　くすぐったさの進化　*150*

動物はくすぐったさを感じるか*150*／くすぐったさの意味*152*／社会的な感覚*153*

第5章　気持ちよい！　*155*

5-1　「気持ちよい」の正体　*156*

気持ちよさとは何か*156*／快・不快のメカニズム*157*／皮膚感覚の快・不快*160*／気持ちよさを感じやすい部位と触れ方*160*／触れるとなぜ気持ちよいのか*162*／触れられる気持ちよさ*164*／タッチケア*165*

5-2　痛みと快感　*166*

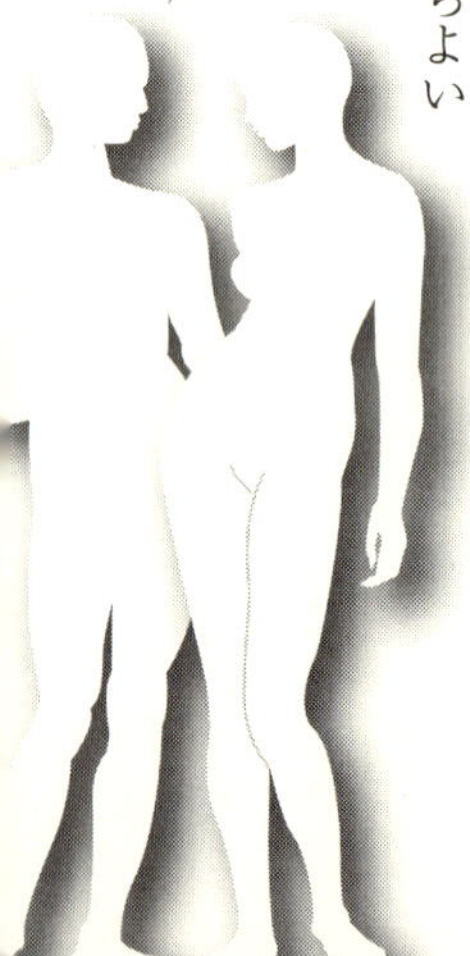

「痛気持ちいい」のメカニズム 167／痛みと快感のリンク 168／痒みと快感 170／温・冷感と気持ちよさ 172

5-3 性感の気持ちよさ 174

性感とは何か 174／性感の意味 176／くすぐったさと性感 177／くすぐったさと性感の境界 178

5-4 「気持ちよさ」の意味 180

「気持ちよさ」の進化 180／社会性が育む「気持ちよい」という感覚 182／皮膚感覚をなくす「快」 184／快・不快の経験と心の発達 185

第6章 皮膚感覚と心 189

6-1 触覚の特徴 190

心を育む皮膚感覚 190／触覚が視覚を育てる 191／視覚が優先される 192／視覚と触覚の錯覚 194／共感覚 196

6-2 触れることが育む心 198

自己の把握 198／身体感覚を育てる 199／触覚は知的器官である 202／スキンシップが心と体を育てる 203／幼少期のスキンシップと心の成長 206／ネグレクトの影響 207／感覚統合療法 209／触覚防衛 210／抱きしめる効果 211

6-3 視覚時代の皮膚感覚 214

さまよえる触覚 214／日本人の触感覚 215／触覚の危機 217／触れることへの抵抗感 219／触覚を意識する 220

参考文献 226

さくいん 229

第1章

触れる!

1-1 触覚のしくみ

触覚とは何か

私たちは外界の状況を、目で見、耳で聴き、舌で味わい、鼻で嗅ぎ、手で触れて知覚している。いわゆる**五感**である。この他にも体性感覚や内臓感覚とよばれる感覚があって、常に自分の今の状態をモニターしている。

五感のうち触覚以外の四つは、それぞれ目や耳、舌、鼻といった特殊な器官で知覚しているので**特殊感覚**という。体のバランスをコントロールする感覚も、内耳にある三半規管で知覚しているため、ここに含まれる。

それに対して触覚は、特殊な受容器を持たず、身体の末梢（神経端末）に散在している無数の受容器から伝わる。この感覚を**体性感覚**という。体性感覚には、皮膚の外部からの情報を捉える**皮膚感覚**と、皮膚の内部の情報（筋肉や関節などの運動感覚や身体各部の位置感覚）を知らせる**固有感覚**がある。この皮膚感覚が、一般に「触覚」とよばれる感覚である。（図1-1）

皮膚感覚には、本来の意味での触覚以外に、圧覚、痛覚、温度感覚なども含まれる。

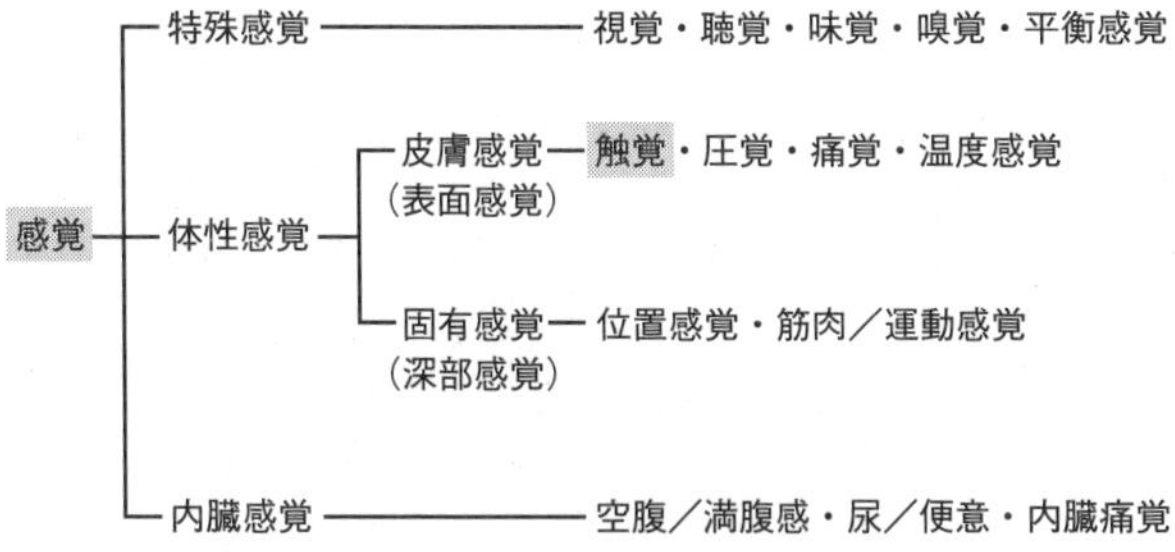

図1－1　さまざまな感覚

この皮膚感覚について、さらに詳しくみていこう。

私たちは日々、さまざまなものに触れて、いろいろなことを感じ取っている。ものに触れれば熱いか冷たいか、ツルツルかザラザラか、さらにそれが痛いか、気持ちいいかなどさまざまだ。このようにバラエティーに富むところが皮膚感覚の特徴である。これは大きく二つに分けて考えられている。

たとえば危険なほど熱いものに触れれば、即座に痛みを感じて、反射的にそれを避ける。シルクのパジャマやふかふかの布団は「気持ちいい」と感じる。このような、熱い、痛い、気持ちいいなどの感覚は、生物として生きていくために必要なもので、生物進化の早い段階から備わっていると考えられる。そこでこれらを**原始感覚**とよんでいる。

一方、初めて出会ったモノには、恐る恐る手を伸ばして軽く触れてみる。たとえば壁が本物の大理石でできているのか、クロスが貼ってあるのかを、その表面に触れて確かめたり、あるいは一個の物体であれば、手に持ってその重さを知ろうとする。すなわ

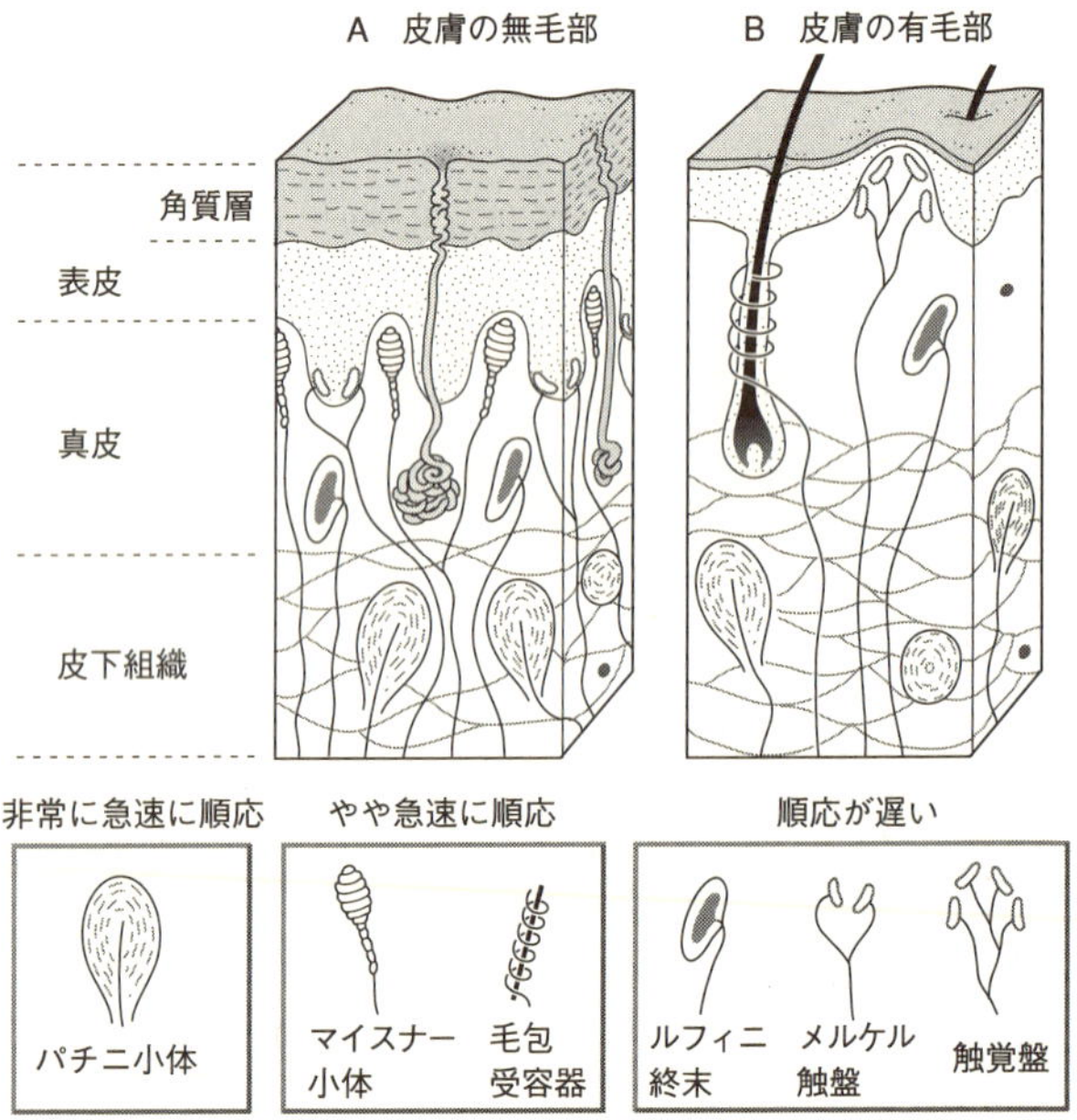

図1－2　皮膚の構造と触覚受容器　Schmidt, R. F 1992より

ち、意識的に触ってその特徴を認識することもできる。この場合を**識別感覚**という。

触覚の受容器

皮膚の表皮や真皮そして皮下組織には、触覚だけでなく、温度や痛みを受け取る受容器も分布している。

触覚受容器は、カプセルのような構造をもち、ほとんどの触覚的情報が捉えられる。それに対して、触れたときに同時に感じる、表面の温かさやトゲが刺さったりした痛みなどは、神経の末端部がそのまま露出して終わっている**自**

由神経終末で知覚している。

構造をもつ受容器には、マイスナー小体、メルケル触盤、パチニ小体、ルフィニ終末などがあり、それぞれ発見者の名前がつけられている（図1−2）。

接触したもののエッジの鋭さ、点字のようなわずかな盛り上がりなどの検出に優れているのは**マイスナー小体**で、二〜九本の神経に支配されている。

垂直方向の変形（圧による変化）によく反応し、皮膚に接触した物体の材質や形を検出するのは**メルケル触盤**で、神経終末とメルケル細胞が結合した構造をしている。

刺激の変化を選択的に伝えることができ、とくに振動数の高い刺激（高周波数刺激）に対する感度がよいのが**パチニ小体**で、神経終末を数十層の層板からなるカプセルが取り囲む構造をしている。触れたときの微細な信号を増幅して、ほんの小さな振動でも、それを増幅させることによって検知していると考えられている。

局所的な圧迫や遠方からの皮膚の引っ張りに反応するのが**ルフィニ終末**で、紡錘形をしている。

同じ手の平でも、受容器の分布密度は、手の平から指先に向かって高くなる。たとえば指先には一㎠あたり、マイスナー小体が約一五〇〇、メルケル触盤が約七五〇、パチニ小体とルフィニ終末がそれぞれ約七五ほど分布している。だから指先がもっとも敏感だということになる。

刺激と順応

手の平や足の裏など毛のない皮膚には、これらの受容器だけが分布する。一方、手の平と足の裏以外の全皮膚（毛のある部分）にはこれらのほかに、圧覚と低周波域の振動を受容する**触覚盤**、毛の付け根を取り巻き、毛が曲がるのを感知する**毛包受容器**などもある。

皮膚の機能は、有毛部と無毛部では大きく異なる。有毛部では触れた（触れられた）対象よりも、接触した自分の皮膚の感覚（どんな感じがするか）へ注意が向く。これに対して無毛部は、触れた対象がどのような性質をもつのかを探るはたらきをもち、触れた対象へ注意が向かう。このため私たちは、ものの大きさや材質、形を知ろうとするとき、手の平や指で触れるのである。手の甲や背中で触れても、ほとんどわからないだろう。

ただし刺激が加わっても、皮膚はその刺激を常に感じているわけではない。服を着ても、すぐに慣れてその感覚がなくなるし、腕時計をしている感覚や、椅子に座っているときの尻や脚の接触面の感覚なども、すぐに感じなくなる。これを**順応**という。

これらの受容器は、刺激が与えられてもすぐに順応して、信号を発しなくなるもの（マイスナー小体やパチニ小体）や、順応が遅い代わりに前者よりも長い時間信号を発し続けるもの（メルケル触盤やルフィニ終末）がある。いずれにしても、手でものに触れていても、触れた手をそのまま静止しているとすぐに順応が起こり、そのものを認識することはできない。繰り返し撫《な》で、指を押し当てたりして、常に刺激を与え続けなければならない。

自己を知る感覚

このように、触覚は受容器で刺激を検知するが、その様相は他の四つの「五感」とは少し違う。たとえば視覚や聴覚は、外界にある物理的な特性を、目や耳という受容器で知覚している。視覚でいえば、網膜で光の強弱や色を感じ、それが視神経を伝わり脳で像として見えるのである。

これに対して触覚は、触ったものの形や温度などの特性を、そのまま検知しているわけではない。前述のような幾種類もの受容器で、触ることによる自分の皮膚の変形の大きさや速度、指から失われたり与えられたりする熱による皮膚温の変化（熱伝導）という、自己の状態を検知しているのである。たとえば氷を額に一〇秒ほどあててみる。もちろん、氷の「冷たい」という情報が伝わる。ところが、氷を離してみても、しばらくはこの「冷たい」という感覚が残っている。これは、額の皮膚温が下がったため、冷覚が電気信号を脳に送り続けているためである。

そのような意味で、私たちは触れることによって、いわば「情報を創り出している」のだとさえいえる。このため、同じ材質のものに触れたとしても、触れ方が異なれば、刺激される受容器も異なる。そうすると当然、その感じかたは人によって違うわけであり、その材質の知覚も人によって微妙に異なるわけである。さらには皮膚の伸縮性や発汗なども人それぞれであるし、加齢によっても変化する。そのため対象物の特徴の検知も変わってくる。

これらのことからも、触覚は、触れたものの物理的な特性をそのまま捉えているのではない、ということが分かる。

識別感覚の四機能

ヒトの手は、触れたものの特徴を知る識別感覚系の機能が非常に優れている。その主な機能は四つある。

第一に、たとえば体のどこかでアリなどの小さな昆虫が動いているのを感じるような**微細刺激**の検出である。これは主にパチニ小体のはたらきで、振幅が一㎛（一〇〇〇分の一㎜）以下の刺激でも検出できる。

第二に微細テクスチャーを識別する機能である。**テクスチャー**とはいわゆる質感のこと。その識別は触覚のもっとも得意とするところで、視覚よりもはるかに優れている。これは主にマイスナー小体が担っている。

私たちは、どの程度まで微細なテクスチャーの違いを識別できるだろうか。たとえば台上にセットした二種類の紙ヤスリを指先で触れてもらい、どちらがよりざらざらしているか聞いてみる

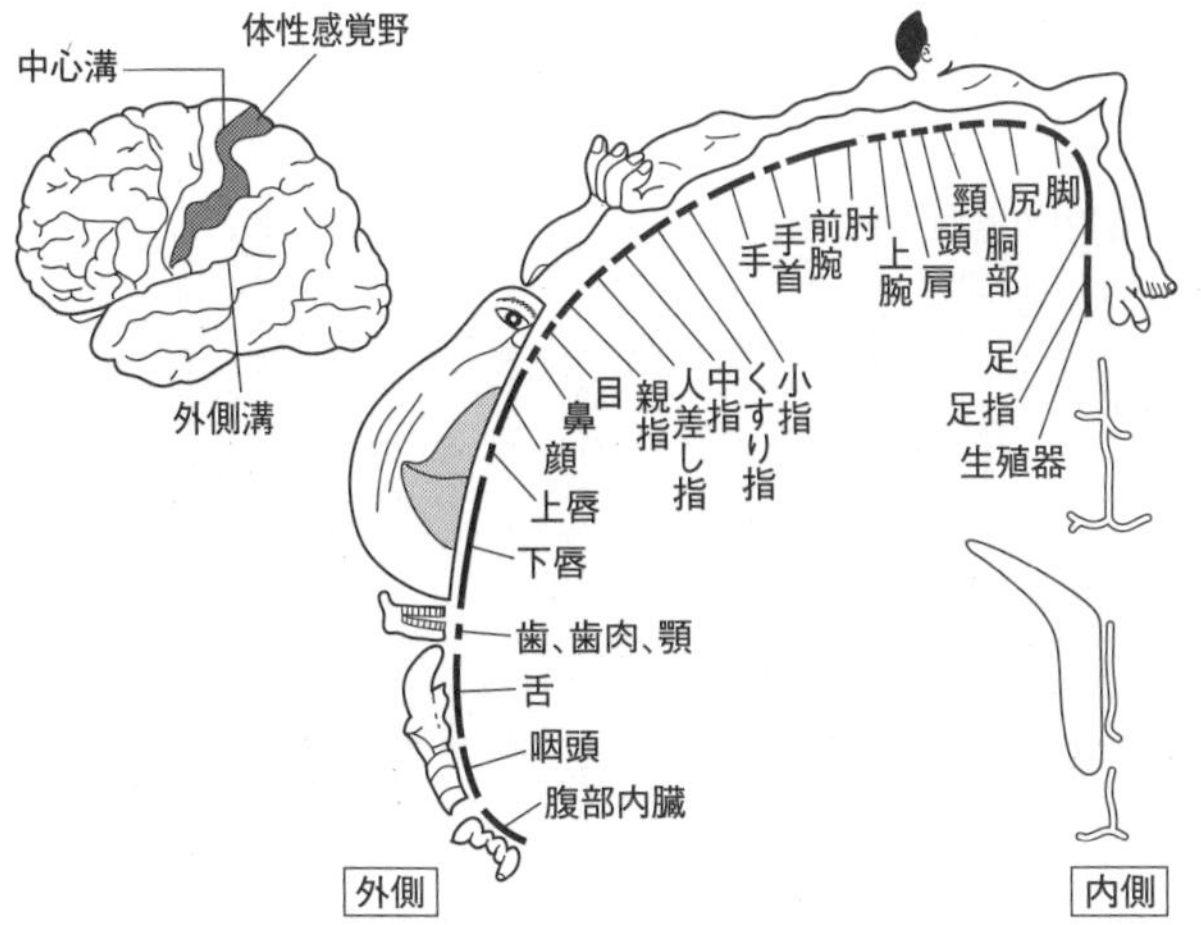

皮質の面積が担当部位の感覚の鋭さに対応する。

図1-3　大脳皮質の体性感覚野　Penfield, W & Rasmussen, T 1957より

と、粒子の大きさが三㎛程度の違いまで識別できることが分かった。

こんなにも微小な差をどのようにして識別できるのか。

その生理的メカニズムはまだ謎だが、表面の微細な凸凹パターンを撫でるときの、皮膚の振幅情報の違いから識別しているのではないか、という説が有力である。だから指を押し当てるだけで動かさないと、その識別力ははるかに落ちてしまう。

第三に、**二点弁別閾**である。これは、二つの刺激が与えられたとき、それを別々の刺激として知覚できる間隔の最小値をいう。その能力は身体の部位によるが、大体一～数十㎜程度で、脳の体性感覚野で広いエリアを持つ部位ほど感度がよい（図1-3）。

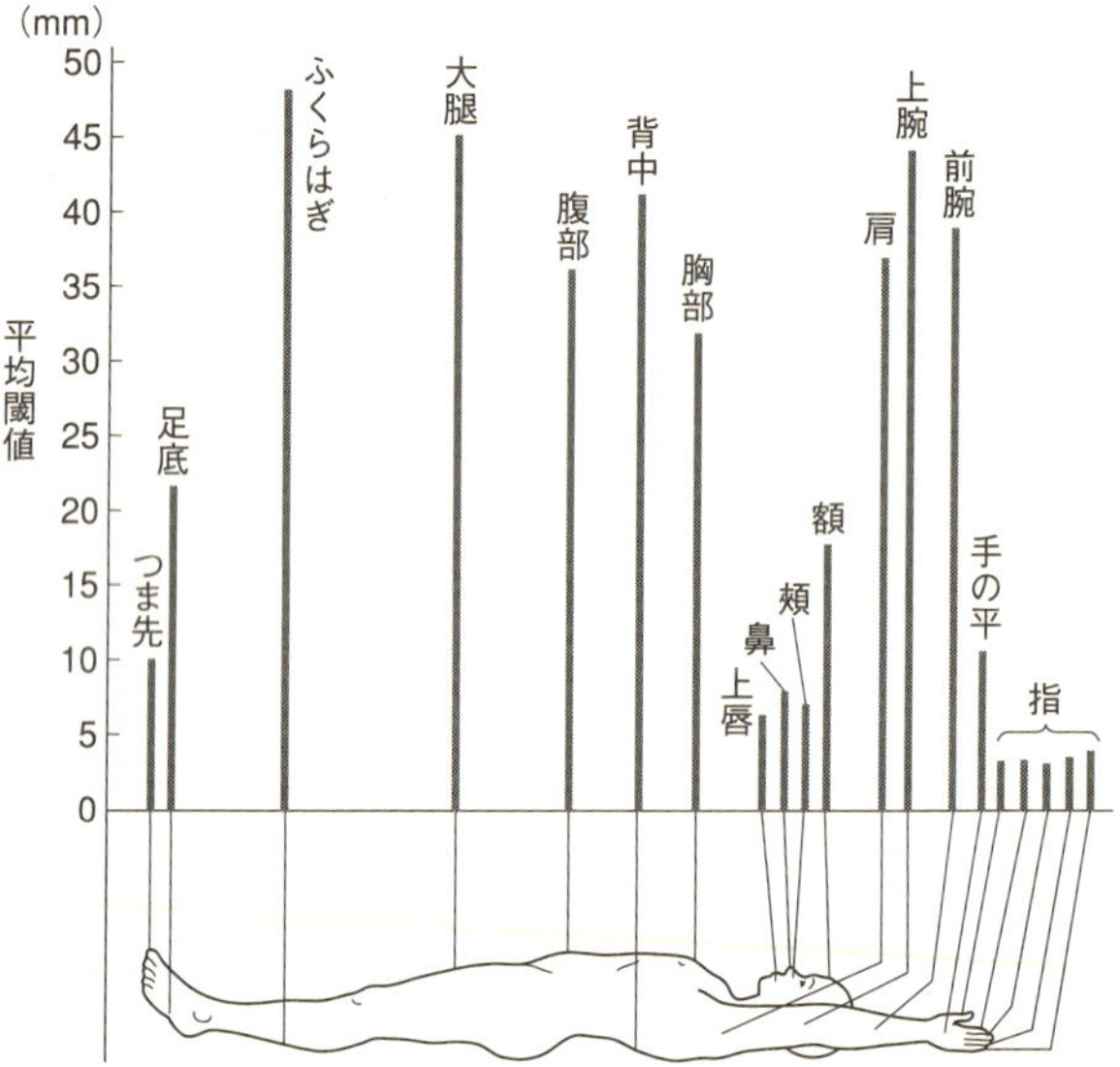

図1−4　2点弁別閾　Weinstein, S 1968より

たとえば指先では数㎜離れていれば認識できるし、顔面も比較的感度が高い。しかし、ふくらはぎや大腿、上腕、背中では四〇㎜以上開かないと、二点だと感じられない（図1-4）。

第四は、触ったものがどんな形をしているのかを知覚する三次元形状認識（**実体触知**）である。

この機能は、単なる機械的な刺激を受け取る受容器による認識ではなく、手や指を動かす能動的な動作があってはじめてできる認識である。

詳しくは37ページのアクティブタッチの項で述べる。

1-2 触覚の脳への伝達

二つの伝導路

皮膚の受容器で捉えた刺激は、電気信号として脳へ伝わる。前述のように、その脳への伝導路には、原始感覚系と識別感覚系の二つがある。

原始感覚系は痛覚や痒み、温度感覚などからなり、主に危険回避や生殖など、生存に直接かかわるような感覚である。脳では視床に入る前に、まず意識や覚醒を司る中枢である脳幹部に入る（顔面や口腔の触、温、冷、痛覚は、三叉神経を経て脳幹部に入る）。そこから網様体を経て、視床や連合野、そして大脳の体性感覚野に送られる。この経路を**脊髄視床路**という（次ページ図1-5a）。

原始感覚系では、脳が広範囲に活性化され、触れられた刺激からは、快や不快といった原始的な情動を引き起こし、そこからさらに攻撃や逃避といった運動を起こすことと結びついている。

一方、識別感覚系は、環境を探り識別する役割を担っている。自発的な運動をするときの筋肉や腱の動きの情報を伝える**運動覚**や、触れたときの皮膚の触覚や圧覚などが含まれる。

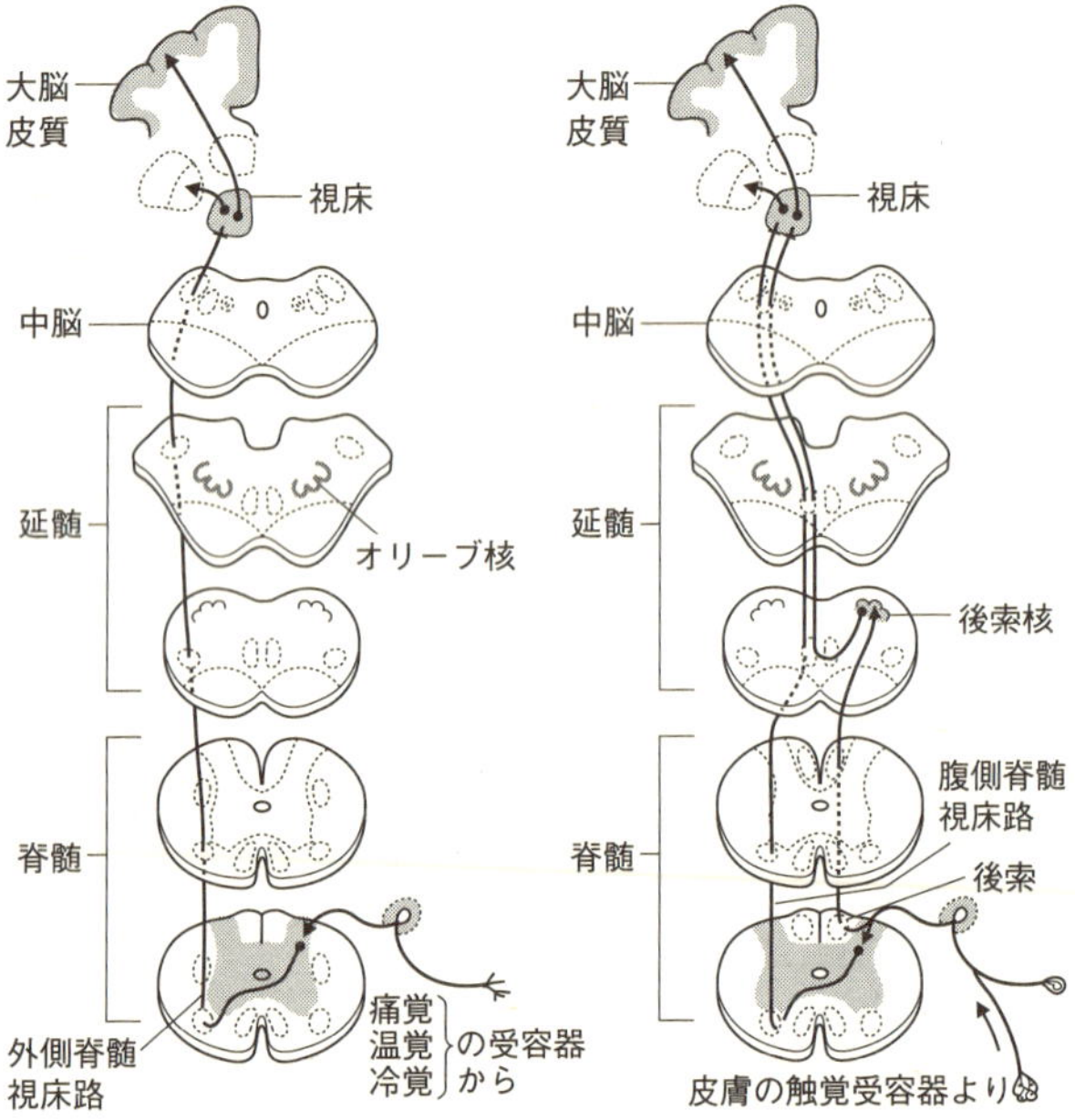

a　脊髄視床路（原始感覚系）　　b　内側毛帯路（識別感覚系）

図1－5　感覚の伝達ルート　伊藤1975より

これは**内側毛帯路**《ないそくもうたいろ》とよばれ、脊髄腹外側部をとおり、延髄から脳幹網様体に入るルートで視床に入り、そこから体性感覚野にいく（図1-5b）。

一方、識別性のない触覚情報は、より内側の**腹側脊髄視床路**を通るルートもある。

さて、最終的な到達部位の体性感覚野は、中心溝のすぐ後ろにある第一次体性感覚野と、外側溝の上壁にある第二次体性感覚野の二つがある（図1-6）。

第一次体性感覚野は、全身の皮膚のどの部分からの信号かに関する、厳密な地図になってい

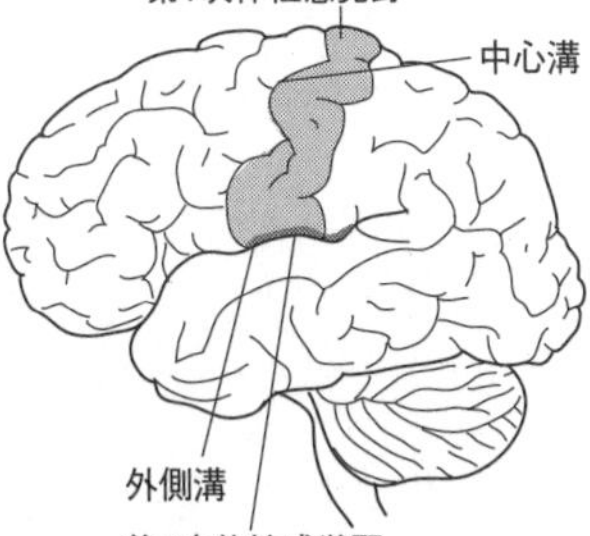

図1−6　体性感覚野

る（23ページ図1−3参照）。身体部位の感覚は、その地図における大きさに対応しており、たとえば地図で広い面積を占める指や顔はとても敏感である。

一方、**第二次体性感覚野**にも身体地図はあるが、それは複数の箇所が重なったりしているため、それほど厳密ではない。第二次体性感覚野は、連合野としての機能をもち、運動感覚と触覚などを合わせて認識する高度なはたらきがあるとされる。

最近の研究によると、触覚の情報はいくつもの要素、たとえば圧や温度、凹凸パターンなどに分けて知覚された後、ここで統合されているようだ。

このルートのどこかが病気や事故で障害されると、たとえば触られたのは分かるが、どこに触られたか判断できなくなる。また、関節の位置感覚や運動感覚も脳に達しなくなり、腕を曲げているか、伸ばしているか分からなくなってしまう。

切り換えポイント

脊髄視床路と内側毛帯路が大きく異なる点は、ニューロン（後述）を換える箇所が違うことである。前者は脊髄と視床の二ヵ所でニューロンを換える。これに対して後者は、延髄に入ってはじめてニューロンを換える。これはどういう意味をもつのだろうか。

同じニューロンを通っている間は、その情報が変わることはないが、ニューロン末端同士が繋がる場所（シナプス）では、信号が増幅されたり減衰されたりして情報が変化する。だからできるだけ脳に近いところ（上位）でシナプスを形成するほうが、末梢で捉えた情報が保存されやすくなる。

このように識別的な触覚の情報は、その部位を特定する必要があるため、脳の直下の延髄ではじめてニューロンを換えるのだと考えられている。

それに対して原始感覚系では、環境のさまざまな情報を捉えて脳に送る必要がある。危険の存在を知らせ全身に防御態勢をとらせるためには、生の情報よりも、脳が解釈しやすいシンプルな形に修正されたほうが有利になる。そこで、脊髄など下位レベルから他の神経線維と交わって、過剰な刺激が抑制されるようになっているのだろう。

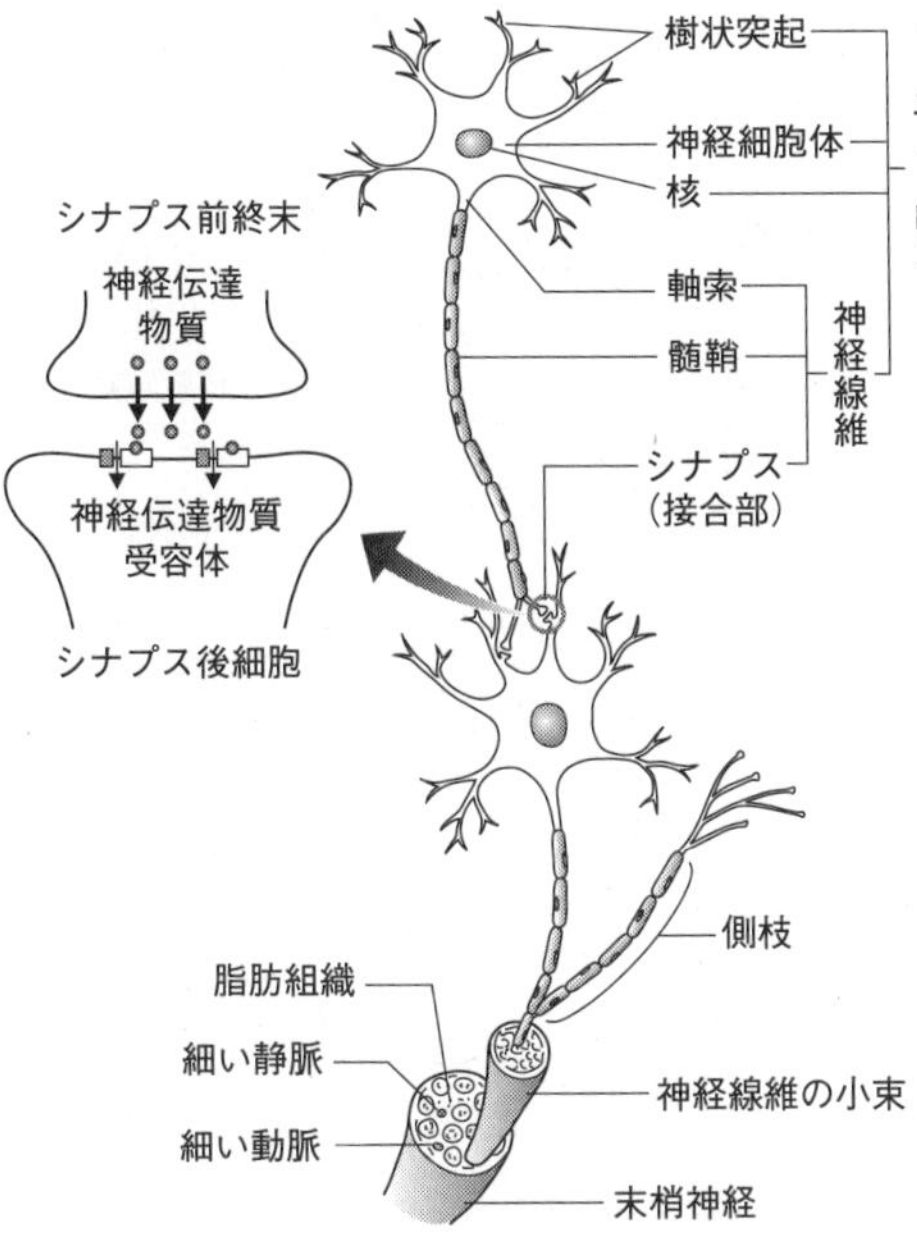

図1－7　ニューロンの構造

伝達速度

皮膚から脳へ情報を伝える通路は神経で、その基本単位はニューロンである（図1－7）。

ニューロンは一個の神経細胞と、そこから出る短い樹状突起、および長い軸索で構成される。軸索は、長いものでは一ｍに達するものもある。

ニューロンどうしは**シナプス**で連絡している。ただし直接接しておらず、µm単位の隙間がある。刺激（電気信号）が軸索末端に届くと、そこのシナプス間隙に神経伝達物質が放出され、それを受け取

分類	種類	直径（μm）	伝達速度（m/s）	機能（例）
Aα	有髄	13〜22	70〜120	求心性（筋、腱）、遠心性（骨格筋）
Aβ	有髄	8〜13	40〜70	求心性（皮膚触覚、圧覚）
Aγ	有髄	4〜8	15〜40	遠心性（錐内筋）
Aδ	有髄	1〜4	5〜15	求心性（皮膚温度覚、痛覚）
B	有髄	1〜3	3〜14	自律性（交感神経節前線維）
交感神経性（s.C）	無髄	0.2〜1.0	0.2〜2	自律性（交感神経節後線維）
脊髄後根（dr.C）	無髄	1以下	0.5〜2	求心性（皮膚痛覚）

表１－１　末梢神経線維の分類　Ganong 1995に基づく

った次のニューロンに電気信号が起きる。こうして刺激が伝わっていく。

皮膚にある神経線維は、直径一㎛以下から二〇㎛以上まであり、その太さで三種類に分類されている（表1‐1）。太い順に**A線維**（直径一～二二㎛）、**B線維**（直径三㎛以下）、**C線維**（直径一㎛以下）という。A線維とB線維は電気コードのように被膜（髄鞘）で覆われており、**有髄線維**ともいう。C線維はそれをもたないので**無髄線維**ともいう。

A線維はさらにその太さにより、太い順からα、β、γ、δの四種類ある。神経線維の直径は太いほど信号が速く伝わる。**Aα線維**はもっとも太い線維で、伝達速度は秒速七〇～一二〇mになる。一方、C線維の伝達速度は秒速〇・二～二mと遅くなる。

C線維の役割

触覚のほとんどは、太い**Aβ線維**を伝って、いち早く脳へ到達し、そのものの形状を知ることができる。ところが、触覚の一部はC線維を伝っていくものもある。

C線維のおもな役割は痛みや痒み、温度などの情報を伝えることにある。このように、一つの感覚を伝えるだけでなく、数種類の感覚を伝える役割をもつため、**ポリモーダル**（poly-modal：複数の感覚様式）ともいわれる。分化の進んでいないという点で、進化的に古い線維である。

さてC線維の中にはとくに伝達速度の遅いもの（**遅速C線維**）がある。遅速C線維は周波数が高い刺激には反応せず、ゆっくり動く刺激にのみ反応する。

遅速C線維はほとんどの哺乳動物に備わっているが、進化の進んだ生物ほどその数が少ない。そこでつい最近まで、遅速C線維は進化の痕跡にすぎないと考えられてきた。しかし詳しく調べてみると、ヒトでも、たとえば前腕部ではC線維の四〇%が遅速C線維であることが分かり、にわかに研究者の注目を集めることになった。

その機能については、触ったものの性質を探るための識別感覚系だとする説と、痛みや痒みといった感覚を伝え、感情を喚起させる原始感覚系だという二つの説の争いが、つい最近まで続いてきた。

この論争に終止符を打ったのが、スウェーデンの**オラッソン**たちのチームである。彼らは二〇〇二年、一人の患者を相手に実験をした結果、ある事実を突き止めた。

その患者は、**多発性神経障害**という病気のため、鼻から下の全身にわたって、太いC線維が失われてしまった（遅速C線維は残されていた）。この患者の皮膚にいろいろな刺激を与えて調べてみると、ブラシでゆっくり撫でるような刺激だけは、有毛部の皮膚（実験では前腕と手の甲）で感知できたが、無毛部（手の平）では感知できなかった。

このことから、まず、遅速C線維は有毛部の皮膚にだけあることが分かった。さらにこの患者は有毛部でも、ブラシの動く方向は感知できなかったことから、遅速C線維は識別感覚系ではなく、原始感覚系として、触刺激によって感情を喚起させるはたらきがある、ということになった。

それを裏付けるように、この患者の脳をｆＭＲＩ（functional MRI：血流量の変化で脳の活動の程度を知る装置）で診断したところ、本来、ブラシの刺激を識別するはずの体性感覚野ではなく、**島**《とう》とよばれる部分が反応していたのだ。島は大脳外側溝《がいそくこう》（23ページ図1-3参照）の奥に埋もれた楕円形の区域で、高次な知的機能をつかさどる前頭葉や、感情や情動を起こす辺縁系と神経線維の連絡が行われている。そこで認知や感情と関わりがあると考えられる。

　以上のことから、遅速C線維は、スキンシップのように肌をゆっくり撫でるような刺激に反応し、腹側脊髄視床路を通り、愛情や嫌悪感といった感情を喚起させるはたらきがあるといえる。

1-3 触覚と固有感覚

皮膚の内側にある感覚

　私たちは目をつぶっても、自分がどんな姿勢をしているか、手や足の位置や動きがどうなっているのかということが分かる。これは、常に筋肉や腱、関節からの情報が脳に送られているからである。この感覚は**固有感覚**あるいは**運動感覚**とよばれ、英国の神経生理学・知覚心理学者でノーベル賞受賞者の**シェリントン**（一八五七〜一九五二年）の造語である。「自分自身の身体の動きで生じる感覚」で、普段は無意識に処理されているが、新しい運動を学習するときや、大きな努力を必要とする運動の場合は意識に上ってくる。

固有感覚は、識別感覚系と同じ内側毛帯路を通り、小脳に伝達され、脳幹（延髄、橋、中脳）からさらに大脳の感覚野に伝えられる。小脳で処理される情報は意識に上ることがないのに対して、大脳まで伝えられる情報は意識化され、意図的な行動を生み出す。

大脳に伝えられた固有感覚の情報は、**錐体路**という運動神経経路を通して身体の各部位を意図的に動かしたり、それらの動きを修正したりする。したがって、この錐体路の固有感覚情報の統合に失敗すると、目的に合った行動を組み立てることができなくなり、体の動きはでたらめになってしまう。たとえば物を取ろうとして手を伸ばしても、その物に届かなかったり、行き過ぎてしまったりする測尺障害が起きる。

そして運動の出力のほうは、まずこれから遂行する運動の見通しを立て、視覚刺激などを通してそれに関わる情報を入力し、具体的な運動の手順を組み立てる。この運動の企画は、自分がこれから行う動作のイメージや、過去に類似の運動を行ったときの身体の動かし方の記憶に照らし合わせながら行われる。

こうした準備の後に、錐体路を通して筋肉に伝えられた運動指令が遂行される。同時に、その運動の結果が固有感覚や視覚情報として、再び脳へとフィードバックされる。

固有感覚の性質

この固有感覚は、触覚と同じ内側毛帯路を伝って脳へ到達するが、触覚とは別に働いているようだ。たとえば**ねじれ唇の錯覚**というのがある。

上唇は右に、下唇は左に動かし、そこに鉛筆などまっすぐな棒を垂直にして軽く当てる。すると、垂直なはずの棒が左に傾いたように感じられる（図1−8）。

図1−8　ねじれ唇の錯覚

この場合、固有感覚では「唇がゆがんでいる」としているにもかかわらず、触覚系の情報は、鉛筆が傾いていると判断している。このように触覚の情報と固有感覚の情報が矛盾しているときは、触覚の情報が優先されるのである。

もう一つ、簡単にできる実験がある。友達を後ろ向きに立たせて両腕を伸ばしてもらう。あなたはその両腕の肘の辺りを持って、友達の両手の甲が触れるか触れないかというところまで近づける（次ページ図1−9）。あとわずかで触れるという状態で、両手の甲の距離がどのくらいあるかを尋ねてみよう。きっと、まだ三〇cmは離れていると答えるはずだ。

友達にとって、手の甲の位置の感覚（固有感覚）よ

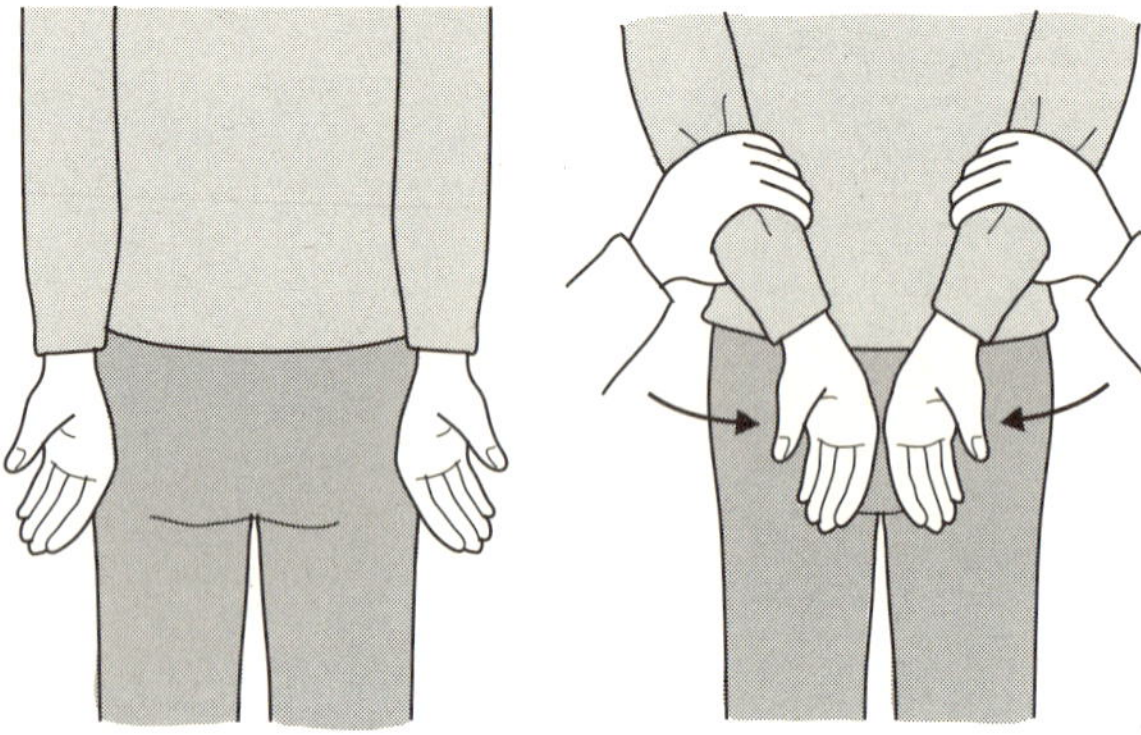

図1−9　後ろ手の錯覚　Gardner, M 1997より

りも、あなたに触れられている（握られている）部分の感覚（触覚）が優位になっているからである。

さて、固有感覚は、本来は身体の内側に関する知覚だが、対象の性質を探るときには、触覚と協働して重要な役割を果たしている。

たとえばものの表面の「つるつる」「ざらざら」といったテクスチャーは、単に手を押し当てるだけではほとんど分からない。そうではなく、手を触れながら動かすことで、凹凸の分布を時系列の波に変換させて、その波の情報を、前述のマイスナー小体などといった受容器が、それぞれ「ひずみ」や「速度」、「加速度」といった情報に分解して検知している。

他にも、液体の粘っこさを判断するときに、その液体の入った容器を振ってみたり、傾けてみたりするだろう。指や手首の関節に生じる力感覚（固有感覚の一つ）が、粘っこさの判断を助けているわけである。

さらには、「粗さ－滑らかさ」、「柔らかさ－硬さ」を判断する場合がある。たとえば、布地は必ず触って表面の毛羽立ちを確かめたり、ごわごわしないか手で押してみるだろう。弾性度の認知に至っては、触覚の情報よりも固有感覚によるところがはるかに大きい。だから輪ゴムの弾性は伸ばしてみて初めて分かる。

このような、触覚と運動が結びついて対象を知覚するはたらきをアクティブタッチという。

アクティブタッチ

私たちは、あるモノが何かを知ろうとするときには、手や指を自由に動かし、それに触ることで判断している。ところが一九六〇年代以前の知覚研究では、被験者の手や腕を固定し、その皮膚にさまざまな刺激を与えるという方法をとってきた。また運動が起こるメカニズムについても、脳の働きに焦点をあてて、「入力→処理→出力」というコンピュータをモデルにした説明がなされてきた。

この方法や理論に反対したのがアメリカの知覚心理学者**ギブソン**（一九〇四～七九年）である。彼は、人の触覚による知覚において、身体の能動性を重視し、さらに触れるときの運動（筋・関節からの感覚）を加えた複合的な知覚システムを、**アクティブタッチ**または**ハプティクス**とよんだ。「見る」こと一つとっても、意識して見ているものと、単に見えているものは違うし、耳をそばだてて聞いているものと、単に聞こえているものとは違う。

触覚の場合も、受け身的に手に刺激を与えられるのではなく、「これは何だ?」と意識して触るのでは、当然、知覚できる情報の量も質も異なる。

たとえばギブソンは、直径約二・五㎝のクッキーの抜き型の形状を当てるという、おもしろい実験をしている。

まず、被験者に目隠しをし、さらに手を動かさないようにしてもらう。抜き型をその手の平に押し当てるだけでは、正解率は四九%だった。しかし抜き型を手の平にいろいろな角度で押し当てると、七二%に上昇する。そこで、最後に被験者自身がいろいろに手を動かして押し当てると、正解率は九五%にもなった。

またアメリカの心理学者**レーダーマン**たちが行った次のような実験もある。

目隠しした被験者に、まず標準になるモノを自由に触らせる。このとき、そのモノのある特性(たとえば硬さ)に注意するように指示する。次に、三種類の比較物を自由に触ってもらい、同じ特性(たとえば硬さ)について、どれが標準ともっとも似ているかを答えてもらった。

そのときの被験者の手の動作を、それぞれの特性(テクスチャー、重さ、形など)ごとに分類して分析してみると、次のことが分かった。

まず手の動きの特徴を分類すると六種類あった(図1-10)。

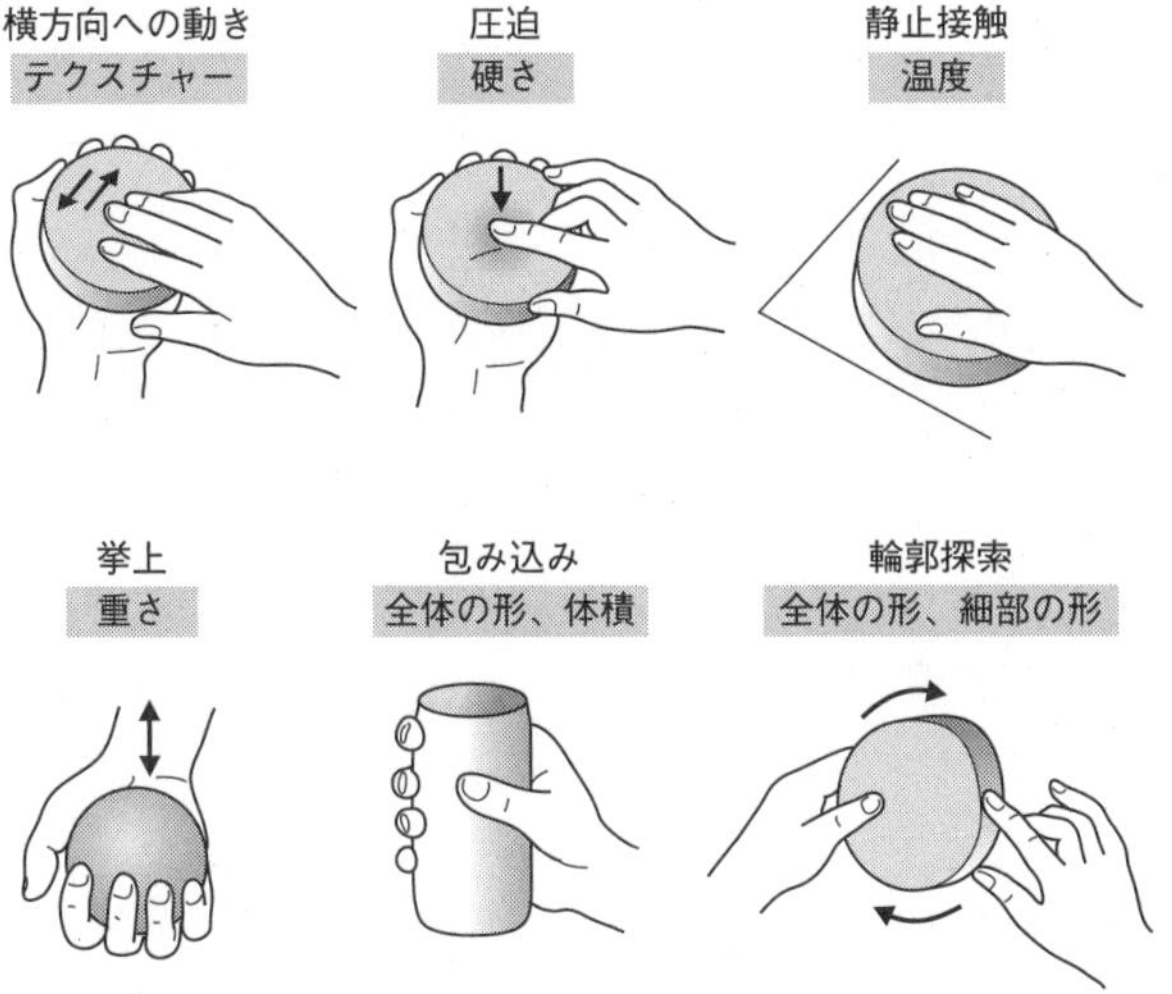

図1−10　モノの特性とその探索動作　Lederman & Klatzky 1998に基づく

第一は手を横に動かす動きで、主にテクスチャーを調べるときに用いられていた。第二は手を押し付ける動きで、これは硬さを調べるときにみられた。第三は手を静止して接触させる動作で、温度を調べる場合だった。四番目として、重さを調べるために手で持ち上げる動作、五番目として、全体の形や体積を調べるための包み込む動作、六番目として、全体としての形や細部を知るために輪郭をなぞる動作があった。

このように、同じ対象を知覚するとしても、触れ方によって得られる情報は異なっている。それを確かめる簡単な実験をやってみよう。

まず目をつぶって鉛筆を指で触ってみる。このとき、鉛筆の表面のツルツルした感触や、硬さを感じるだろう。

次に、目をつぶったまま鉛筆の真ん中あたりを親指と人差し指で持って、軽く上下に振ってみる。このとき感じられるのは、その鉛筆がどんな長さなのか、どちらを向いているのか、といった印象だろう。これは、鉛筆を持って振るときには手首の筋肉が動き、それにともなって手首周辺の組織が変形している。この筋肉の動き（運動覚）や組織の感覚によって、鉛筆の長さといった情報が得られるわけだ。

アクティブタッチの仕組み

アクティブタッチでものを知覚する仕組みはかなり複雑である。図1－11で説明しよう。

まず左上に触れる対象物がある。これに触れて手を動かすと、種々の受容器によってその特徴が捉えられる。その情報は脳の体性感覚野で解析され、主観的に捉えられる。

それだけではなく、触れながら動かす手を制御する必要がある。そこで、行動の指令情報が材料の解析に加わるという、遠心コピーがされる。**遠心コピー**とは、たとえば、眼球が絶えず微動しているにもかかわらず、見るものがブレないで捉えられるような脳のメカニズムをいう。運動指令の情報が感覚野にも伝わり、感覚を調整しているわけだ。そして行動の指令によって、どのような運動をするかが決められ、筋活動として実行されるわけである。

このように、私たちは対象に求める性質の種類によって、どのような行為（運動）をするかを

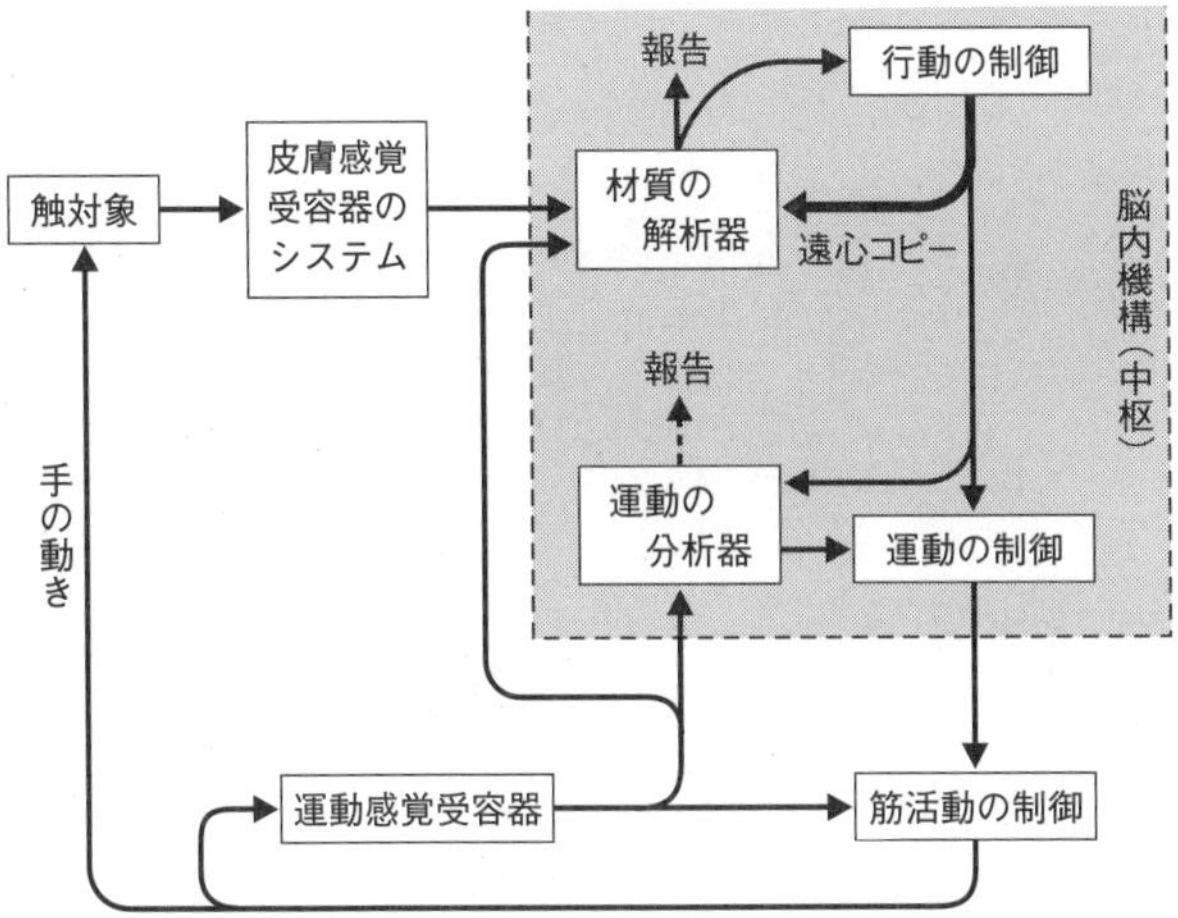

図1−11　アクティブタッチによる知覚の仕組み

Taylor, Lederman, Gibson 1974に基づく

決めている。外界を探ることは、触覚と固有感覚が協働して初めて可能になるのだ。

手を動かすことの大切さ

アクティブタッチという行為は、固有感覚という身体内部の感覚を伴う知覚であるため、「身体で覚える」とか「身につく」という感覚へと結びついているようだ。

たとえば、折り鶴の折り方を覚えるのに、説明書で読むだけの場合と、実際に自分で折って覚える場合を比べてみよう。

前者では二次元の図で折り方を記号のように記憶するだけである。それに対して後者では、自分が鶴を折っていくときの折り紙の手触りや、紙の擦れる音、きれいに折り目をつけるための力の入れ具合などいろいろな感覚が織り交ざって、最終的に折り鶴ができあがる。

こうして覚えたときにできる「折り鶴」という概念は、運動感覚をはじめとするさまざまな感覚が複合的に入り混じっているので、それだけ記憶の構造も多様になるだろう。その結果、その折り方を思い出すときには、指も動きを覚えており、再生しやすくなるのである。

アメリカの知覚心理学者、マギーとケネディの実験では、指を自分で動かさずに、第三者が指をコントロールして対象の上をなぞるだけでも、対象を正しく認知できることが分かった。このときは、実際にはものに触れずに（触覚を伴わず）、第三者によって、なぞるように指を動かされるという運動感覚だけでも、同様に正しく認知できるそうだ。皮膚の触覚を使わずに、内部の固有感覚だけでも外界の知覚ができるということになる。

手を動かして認知することの大切さがわかるだろう。このように身体内部の感覚が使われるようなわかり方をしてこそ、「身体で覚える」ことになり、本当に「身につく」といえるのではないか。折り鶴を折ることに限らない。教育には、「やって見せ、やらせてみる」ことが大事だといわれる。詩の朗読や算数の計算、外国語の勉強、理科の実験など体性感覚をフル稼働する学び方こそが、物事を「把握し」、「身につく」のである。

1-4 触覚の進化

遠隔感覚の獲得

生物の感覚の進化は、近接感覚から遠隔感覚への進化だと考えられている。**近接感覚**とは対象とじかに接触する感覚である触覚と味覚を指し、**遠隔感覚**とは距離の離れているものを捉える視覚、聴覚、嗅覚である。

一般に下等動物は、自分の身の回りのできごとを体全体で受け取る。そのために感覚細胞が体全体にちらばっている。それらは、直接接触（近接）することによって生じる感覚である。それに対して高等動物は、自分の身体から遠くにあるできごとも感ずるようになった。すなわち、自分の身体に直接接することなく、距離をおいても（遠隔）感ずる感覚である。身近なものからより遠くのものへ、生物の進化とは、感覚の拡張の歴史でもあった。

たとえば単細胞生物のゾウリムシは、体の一部を叩かれると、そこから逃れようとする。細胞の表面に、外からの刺激を感知する触覚が散在しているからである。このような触覚のありかたは、多細胞生物になっても変わることなく、身体の表面に散在している。

それに対して光を受容する感覚は、進化につれて大きく変化してきた。

たとえば単細胞生物のミドリムシは、細胞内に光を感じる眼点をもち、光の方向へ泳いで行こうとする。無脊椎動物であるミミズでは、光受容細胞は体表面に散在していて、そこで光を感じると、光から逃れようと地面に潜る。

さらに、光受容細胞は、体表面に集合したほうが光刺激をより効率的に受容できるから、次第に寄り集まって感覚器官を形成していく。たとえばクラゲでは、視細胞が何個か体表面に集合している。ここにお椀形のくぼみができ、光の方向までわかるようになっている。さらにお椀の縁の部分が互いに接近して開口部が小さくなり内部が球状になると、カメラと似た構造を持つようになり、画像として知覚できるようになるのである。

こうして最終的には「目」となり、環境を立体的に認識できるようになる。

ただしこのあたりの議論については、ダーウィンの進化論に基づくこのような説明は疑わしいと主張する学者もおり、定説となっているわけではない。

原始的な感覚

このように視覚、聴覚、味覚、嗅覚の四つの感覚では、特定の感覚細胞が集合することにより、情報処理をより効率的にできるように進化した。それに対して、感覚細胞が体表に散在した状態のまま残ったのが触覚である。

このような理由から、触覚は、他の四つの感覚と違って原始的感覚であるとされている。その能力についても、たとえば、触覚による文字パターンの認識能力が、視覚によるものと比べてかなり劣ることなどからも、原始的感覚であるとされるようである。

たしかに、触覚による文字パターンの認識能力は視覚よりはるかに劣る。しかしそれは、進化の過程で、文字のような全体としてのパターンを触覚で認識する必要に迫られなかったからだろう。ヒトでは、そのようなパターンは、むしろ視覚で認識するように進化してきた。

触覚は、そのほうが生存上都合がよいという理由で、体表面に散在していると考えられる。ただし体表面に均等に散在しているわけではなく、対象の形や表面状態を知るための手指や口唇部は、他の部位に比べて触受容器の密度がかなり高くなっていて、優れた識別能力を示す。そのため、たとえば点字の指先での判読や、偽札の感触による判別などの能力は、視覚には決して見劣りしない。これは他の哺乳類にはない能力である。

触覚はなぜ敏感なのか

それでは、ヒトはなぜ他の哺乳類に比類なき触覚（とくに指先の知覚）を発達させたのだろうか。ヒトは何を、それほどまで識別する必要があるのか。進化の過程で、何かの表面の構造やテクスチャーを知覚することが、重要な役割をもっていたとは思えない。食べられるものと食べられないものを数㎛の違いで識別する必要もないだろう。

ヒトがもつ触覚による高い識別能力は、おそらく、指先で細かい作業をする必要性から派生的に身についたのではないだろうか。指先を器用に動かして作業をするためには、指先の触覚が敏感でなければ成り立たない。そしてそれは、目と手が協調してはたらくことで、より効果的になる。つまり、目で見て、それに対応して手を動かすという、視覚と固有感覚をつなぐはたらきとして進化したのが触覚なのだと思う。

たとえば、目の前にあるコップをつかんで口に運ぶとする。このとき、目の前にあるコップの大きさを見て、どのように手を伸ばすか、という行為が引き出される。そしてコップに手が届いて触れたとき、その表面の状態やコップの硬さ（薄い紙やプラスチックのコップかなど）によってそれを握る強さがコントロールされる。そのときに重要なのが触覚の情報だということになる。最適の強さで各指の圧をコントロールしてコップをつかみ、こぼれないように口へと運ぶのも、触覚があるからこそできる。

こうして、手を思い通りに使い、最適な運動を起こすために、触覚能力がひときわ秀でることになったのではないだろうか。

親密さを伝える触覚

触覚にはもう一つ、忘れてはならない重要な働きがある。前述の遅速C線維のように、感情を喚起させる機能である。ヒトは他人に触れることによって、親密さや愛情を伝え、またそれらを感受するように進化してきたのだと考えられる。

それを裏付ける、アメリカの社会心理学者バーディーンの実験がある。被験者に、ある人物に三通りの方法で出会ってもらい、それぞれの印象を評定してもらったのだ。

出会いの方法とは、身体接触だけ（目隠しをして、話はしない）、見るだけ（話はなく、目隠しも接触もなし）、言葉だけ（接触なし、目隠しをする）の三通りだった。つまり、被験者は同じ人物に、視覚、聴覚、触覚のいずれか一つの感覚だけで三回出会ったわけである。

すると、接触だけの出会いでは「信頼できる、温かい」といった印象、視覚的な出会いは「冷たい」という印象、聴覚的な出会いは「距離がある」という印象が持たれることが分かった。

この結果からバーディーンは、人間関係における触覚は、視覚や聴覚よりも、親愛的な感覚を伝達する機能をもつと考えている。

社会的動物としてのヒトは、家族や社会を形成して、互いに助け合わなければ生存できない。その社会的絆を形作り、維持するために、このような種類の触覚も進化させたのだろう。

さらに触覚は、未熟な乳幼児期を生き抜くために重要な役割を果たしている。たとえば赤ん坊の頬に触ると、そちらへ口を向ける。これは母親の乳首を探すための反射（**口唇《こうしん》探索反射**）として備わっている本能である。また皮膚や筋肉に有害な刺激が加わると手足の屈筋が収縮するのは、有害な刺激に対する回避行動（**屈筋逃避反射**）である。口に指を入れてやると吸い付き、飲み込もうとするのも、口に乳首が入ったら吸い付いて母乳を飲み込むために不可欠な反射（**吸啜《きゅうてつ》－嚥下《えんげ》反射**）なのである。

以上みてきたように、触覚は、外界にあるものを認識するための機能だけではなく、対人関係や社会性を築くための重要な役割をもち、さらには未熟な生命を支える役割ももっているのである。さらには第6章で述べるように、固有感覚を通じて自己の身体に関するイメージ（**身体像**）や、他人とは異なる「自分」という感覚（**自己意識**）の基盤を形作っている。

つまり触覚は、自己を知り、外界を知り、対人関係を築き、生命を支えるというように、生きていくための、必要不可欠の重要な感覚であるといえよう。

1-5 第六感としての皮膚感覚

ヴァーチャルな触覚

触覚は他の感覚とは異なり、次の三つの条件がそろって初めて生まれる感覚である。

触覚の三条件の第一は、触れるモノと触れられるモノが同時に同じ場所に存在している「同時性」、第二は、「触れる」ことは、すなわちそのモノや人から「触れられる」ことになる「相互性」、第三は、実際に存在するものにしか触れることができない「実在性」の三つである。

ところが、この原則を揺るがす技術が出現した。アメリカの工学者ケサバダスは、他人が感じた感触を体験できるシステムを開発したのだ。

アメリカではすでに外科手術の練習用として利用されている。そこでは、コンピュータの画面に映る人体の画像に向かってメスを振るうと、その切開していく感触が、メスを伝って実際に感じられるという。

このシステムは将来、遠隔医療に生かすことが期待されている。患者に触れて感じているロボットの手の感触を、遠く離れたところでグローブをはめた医者が感じることができる。またその感覚をコンピュータに保存しておき、いつでもその感触を再現することができる。

つまり、触覚の同時性と実在性は、必要条件ではなくなるかもしれないのだ。

たしかに識別感覚系だけを考えれば、この装置によって三条件がそろわなくても触覚が成立する。しかしもう一つの触覚、すなわち原始感覚系は、このようなシステムで代用できるだろうか。

シンガポールでは共働き家庭が多いことに目をつけ、この技術を応用した**触覚ジャケット**なるものが研究されているという。このジャケットはセンサー付きのぬいぐるみとセットになっている。遠く離れた母親がぬいぐるみを抱きしめると、その感触がインターネットでジャケットに送信される。ジャケットは携帯電話と同様の振動機能でこれを再現し、さらに内蔵の電熱線でぬくもりも伝える。

これによってジャケットを着た子どもは母親に抱きしめられる感触が味わえるという。しかし、子どもは本当に母親に抱きしめられたときと同じ安心感や愛情を感じるのか、大いに疑問に思う。原始感覚系によって感じられる感情は、触れるモノや人との関係で成立するものだから、実際にそのモノと相対して触れなければ、その感情が湧き起こることはないだろう。

皮膚感覚による直感

皮膚感覚は自己と外界の境界上に生じ、自己と自然的、社会的環境との関係を直感的に捉える重要な感覚である。そこで私たちはしばしば、皮膚感覚で直感的に判断している。ある部屋に入ったとき「緊張した空気に包まれていた」などとよくいう。あるいは、出会った人を「鳥肌が立つ」ほど嫌いだとか、何かの事態に遭遇して「身の毛がよだつ」ほどの恐怖を感じたり、暗闇に人の気配を感じる。

さらに私たちは、人の性格を往々にして皮膚感覚で直感的に判断して、「面の皮が厚い」とか、「温かい－冷たい」、「ねちねちした－さっぱりした」、「柔和な－とげとげした」というふうに皮膚感覚的な表現をする。そして、このような直感的判断が、意外と当たっていることが多い。

直感は、なぜそう判断したのかを説明するのはむずかしい。その状況に身をおいて初めて感じられる「何か」だ。皮膚感覚で捉えた何かが基本的な「快－不快」の感覚を呼び覚まし、「快」であれば取り入れよう、近づこうと判断し、「不快」なら遠ざけよう、逃げようという判断がされる。それは理性的な判断ではなく、ヒトが過去数百万年にわたる進化の過程で本能的に備えてきた判断の方法である。

このような判断は、皮膚感覚といっても、何かに直接触れて受容器や神経線維が興奮したわけではない。そうではなく、皮膚のもつ感覚的な判断とでもいえるだろうか。皮膚は脳や神経系と同じく、発生の過程では外胚葉から形作られる。脳や神経は、内側に入り込むのに対して、外側にそのまま露出しているのが皮膚である。皮膚自体が脳のはたらきをしていてもおかしくはない。

このような皮膚感覚を、人生の頼れるアンテナとできるか否かは、それをどう磨くかにかかっている。直感的な判断を、根拠がないものとして葬り去るのではなく、有力な判断の物差しにできるよう、皮膚感覚を磨くことをお勧めしたい。

対人関係で働く皮膚感覚

直感的な皮膚感覚は対人関係のアンテナとしてもはたらいている。皮膚は自己と外界を隔てる境界なので、対人関係のインターフェイスとしても重要な機能をもっているのだ。アメリカの心理学者フィッシャーは、皮膚の境界としての機能を重視し、次のように考えた。

もしも境界感覚が堅《かた》すぎると、内閉的な性格になって、他人や外界との交流がむずかしくなるだろう。逆にその機能が弱すぎると、外界の状況に圧倒されて内的世界が損なわれてしまう。自他の境界としての皮膚感覚が安定していることは、精神的な安定のための基本的要件であるというのである。

生理学的な皮膚が外部からの細菌や微生物の侵入を食い止める一方で、発汗や皮膚呼吸によって生体内部の環境を一定に保とうとするように、心理学的な皮膚も、対人関係からの影響を適度に受けると同時に、確固たる自分を保ち主張できるような感覚が必要なわけである。

他人と接するときの自分の皮膚感覚に意識を向けてみるとおもしろい。

相手を親密な存在として、あたかも体内に取り込むように受け入れようとしているのか。あるいは敵であるかのように、身を硬くして遠ざけようとしているのか。他人と接するとき、皮膚はさまざまなメッセージを発している。

アメリカの世界的な神経科学者ダマシオによれば、人がある感情を感じるということは、皮膚などの身体的変化が起こり、それを〝読む〟ことから生まれるという。彼はとくに皮膚の変化が重要だとしている。たとえば手の平に汗をかいているなら、緊張しているということが分かる。

皮膚は身体で最大の臓器（体重のおよそ一六％）であり、全身に鋭敏な感覚器官が無数にちりばめられている。他人と接するとき、皮膚は何らかのメッセージを発しているはずである。もちろん、相手に直接触れれば、その感覚は即座にわかる。しかしたとえ触れなくても、相手の**心理的縄張空間**（約一m以内の距離）に入って、相手の持つ「気」を感じてみるとわかるだろう。恋人のようにもっと近づきたいのか、遠ざかりたいのか、のどちらかだ。

いろいろな場面で、皮膚に意識を向けていると、徐々に皮膚が発しているサインを読み取ることができるようになるだろう。自分の対人関係のパターンに気づき、またそれを積極的に変えていくためにも、皮膚のアンテナを磨く必要があろう。

第2章 痛い！

2-1 痛みのメカニズム

痛みは誰でも経験する感覚であるが、その正体は何だろうか。古来、多くの人々がそれについて考えてきた。

たとえば古代ギリシャの哲学者**アリストテレス**（紀元前三八四〜前三二二年）は、痛みを苦痛や快楽と同じような「情動」とみていた。**情動**とは、比較的急激で一時的な感情の動きで、心拍数や呼吸など生理的な変化を伴うのが特徴である。

それに対して一七世紀フランスの哲学者デカルト（一五九六〜一六五〇年）は、痛みを温覚や冷覚のような「感覚」だと考えていた。

このように見方が分かれるのは、その原因や現れ方が非常に複雑だからである。

「痛み」とは何か

たしかに痛みは、喜びや怒りと違って、慢性的に何年も悩まされることもある点で、一過性の情動とは異なる。しかし温覚や冷覚のような単なる感覚でもない。不快感やイライラが伴うし、痛みが身体の一部分に限られていても、汗が出て、瞳孔が広がり、血圧が上昇するなど全身で反応することもある。似たような生理的変化は怒ったり怯《おび》えたりしても生じる。だから、痛みは情動と深く関わっていることがわかる。

このように、痛みというのは非常に複雑な現象であるため、一九七三年に創設された**国際疼痛学会**（ＩＡＳＰ）は、痛みを科学的に定義している。それによると、痛みとは「実際の、あるいは潜在的な組織の障害を伴った不快な感覚的、情緒的経験」としている。このように、両者の特徴を含めて定義することになった。

また痛みには、ケガをしたときのように、体の組織が損傷されたために生じる場合と、痛みの原因が治ったあとも、何らかの原因で痛みのシステム自体が変化してしまい、障害がなくても慢性的に痛み続けるものがある。また痛みは主観的にしか感じられないもので、傷の大きさなどから客観的にその強さを判断することはできない。さらには、自分がこれまでに受けた過去の痛みの経験や、痛がっている自分に対する他の人の反応によっても、痛みの感じ方は大きく左右される。

このように、痛みは重層的に折り重なった複雑なもので、その点からも痛みとは何かを分かりにくくしている。

さらに、ツボ押しのように「痛気《いた》持ちいい」場合もあるし、痛みに性的な快感をおぼえる人もいるように、同じ痛みを体験しても、それをどのように感じるかは人それぞれである。

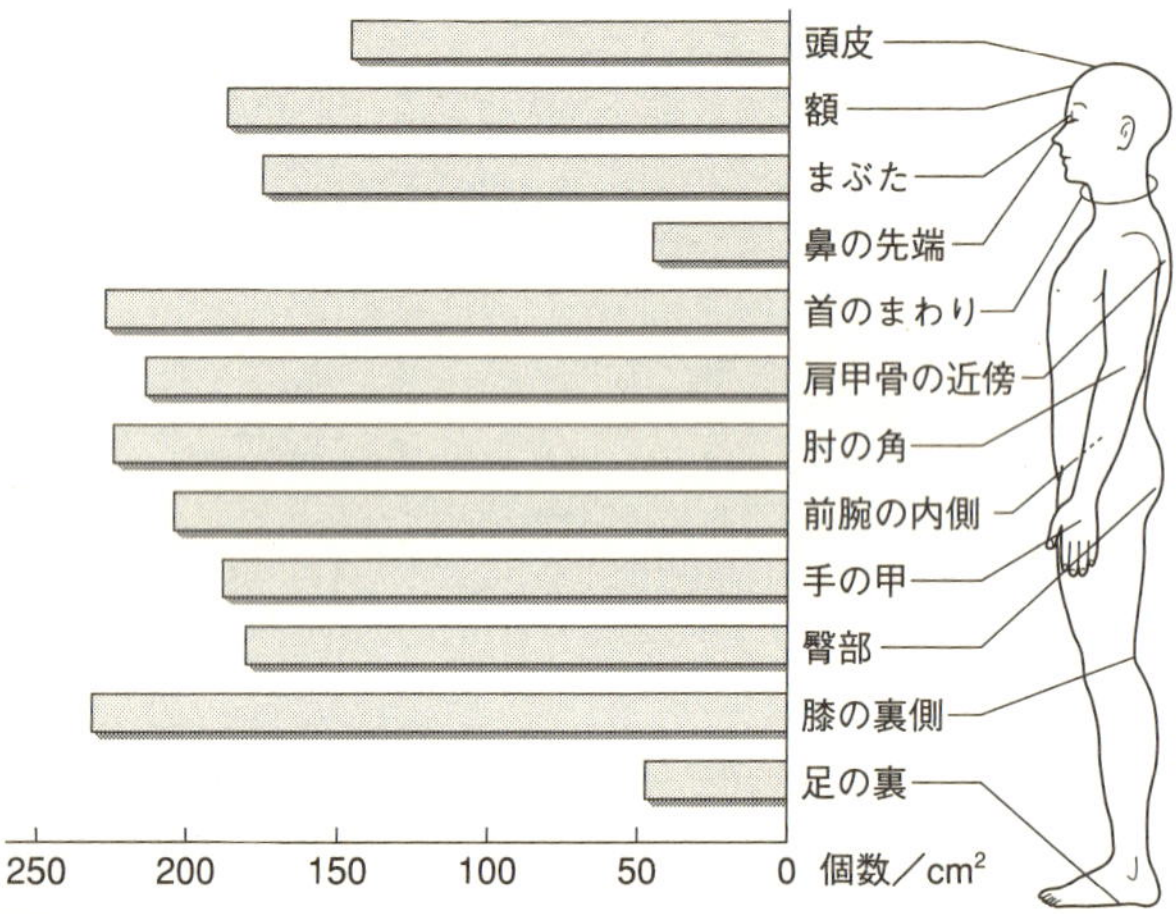

図2-1　痛点の分布密度

ファーストペイン

痛みは、発生する部位によって、大きく三つに分けられる。一つは皮膚や粘膜に感じる痛みで**体表痛**（**表面痛**）という。二つ目は、筋肉や骨や関節といった部位に感じる痛みで**深部痛**という。この他に内臓に痛みを感じる**内臓痛**もある。本書では、皮膚感覚に焦点を絞ってみていくため、体表痛を中心に話を進めることにする。

皮膚には痛みを感じる点（**痛点**）が散在している。痛点は全身に二〇〇万～四〇〇万あるといわれる（図2-1）。

ただし痛点には、痛みだけを感じる特異的な受容器があるわけではない。その点で、前出の触覚の受容器とは異なる。神経がそのまま枝分

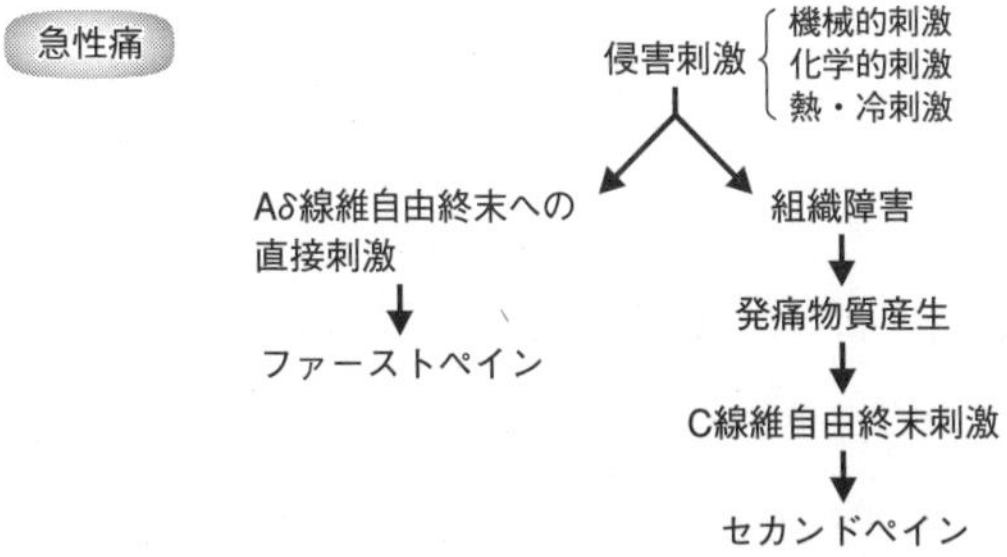

	ファーストペイン	セカンドペイン
刺激	強い機械的刺激や高温	内臓感覚を含む複数種（ポリモーダル）の刺激
痛み	鋭い痛み	鈍い痛み
受容器	高閾値侵害受容器	ポリモーダル受容器
神経線維	Aδ線維	C線維
痛みの意味	・素早い逃避行動（反射運動）を引き起こす警告信号 ・感情から独立	・活動の制限を引き起こす ・強すぎる、あるいは遷延するとQOL（quality of life）を障害 ・痛みに対する感情的反応を引き起こす ・典型例として炎症痛

図2-2　急性痛の二重説

かれして密集しているだけで、そこが痛点となっているのだ。痛点はAδ線維とC線維が複雑に絡まり、神経線維がそのままの形で末端まできているため自由神経終末という。

痛点で捉えた刺激は、電気信号となって神経線維を通って脳へ伝わっていく。このとき31ページで述べたように、伝達速度の違う神経線維が複数あるので、「速い痛み」と「遅い痛み」が起きることになる（図2-2）。

たとえば向こう脛（弁慶の泣き所）を思い切りぶつけて

しまうと、まず、ぶつけた瞬間のガーンというショックや皮膚のひりひり感が伝わる。その刺激はAδ線維を伝っていち早く脳に届くため、**ファーストペイン**とよばれている。それから、じわじわとセカンドペインの鈍い痛みが続く。

ファーストペインは、刺激のある部位を正確に判断でき、触れてしまったらすぐに手を引っ込めるような、素早い逃避反射を起こす警告信号として機能している。このような反射は、脊髄と脳を伝わる神経を切断されても残ることから、脊髄レベルで起きる反射である。ファーストペインは、刺すような痛みではあるが、不快な感情を引き起こすものではない。

セカンドペイン

これに対して、遅れてやってくる痛み（**セカンドペイン**）の仕組みは次のとおりである。

ナイフで指を切ってしまったり、ヤケドを負ったりして、皮膚を侵害する刺激が加えられると、痛みを起こす化学的物質（**発痛物質**）が作られる。発痛物質にはブラジキニン、カリジン、ヒスタミン、アセチルコリン、プロスタグランジンなどさまざまなものがあり、これらの物質が皮膚や粘膜のC線維の末端部分を刺激する。

痛みの刺激は、C線維の末端の枝分かれしている分枝で一種の電気信号に変換され、脊髄へと向かうのだが、その途中の分岐点で、他の分枝にも信号を逆方向に送り、その末端から神経ペプチド（アミノ酸が短くつながったもの）を放出する。これを**軸索反射**という。この反射により放出された神経ペプチドによって、血管が拡張したり、血管から血漿タンパク質の漏出が促される。そのため、傷を受けた周囲の皮膚がみみずばれのように赤く腫れるわけである。

セカンドペインのやっかいなところは、痛みを起こす刺激がなくなった後も、苦しみを与え続けることである。

セカンドペインはゆっくりと大脳に届き、大脳辺縁系のさまざまな不快感情を起こす部位に伝わる。その結果、痛みがあると、無性に腹立たしくなったり、恐怖や不安などの感情がよび起こされる。このような不快な感情を長期にわたって引き起こすのは、痛みの原因を記憶に刻み込んで、危険を回避することを学ばせ、痛みが続く間は安静を保たせるためだとも考えられる。

ただし自由神経終末は、前述のようにポリモーダルな特徴があるため、単に痛みだけを伝えているのではなく、さまざまな感覚の生起にも関わっている。

脳への痛信網

第1章で、触覚の伝導路は二つあると述べたが、ファーストペインはこのうち**外側《がいそく》脊髄視床路**（**新脊髄視床路**）という経路をとる（次ページ図2-3）。皮膚からの痛みの信号が脊髄に達すると、脊髄後角を起点としたニューロンにそれが伝わる。このニューロンは左右交差している。痛

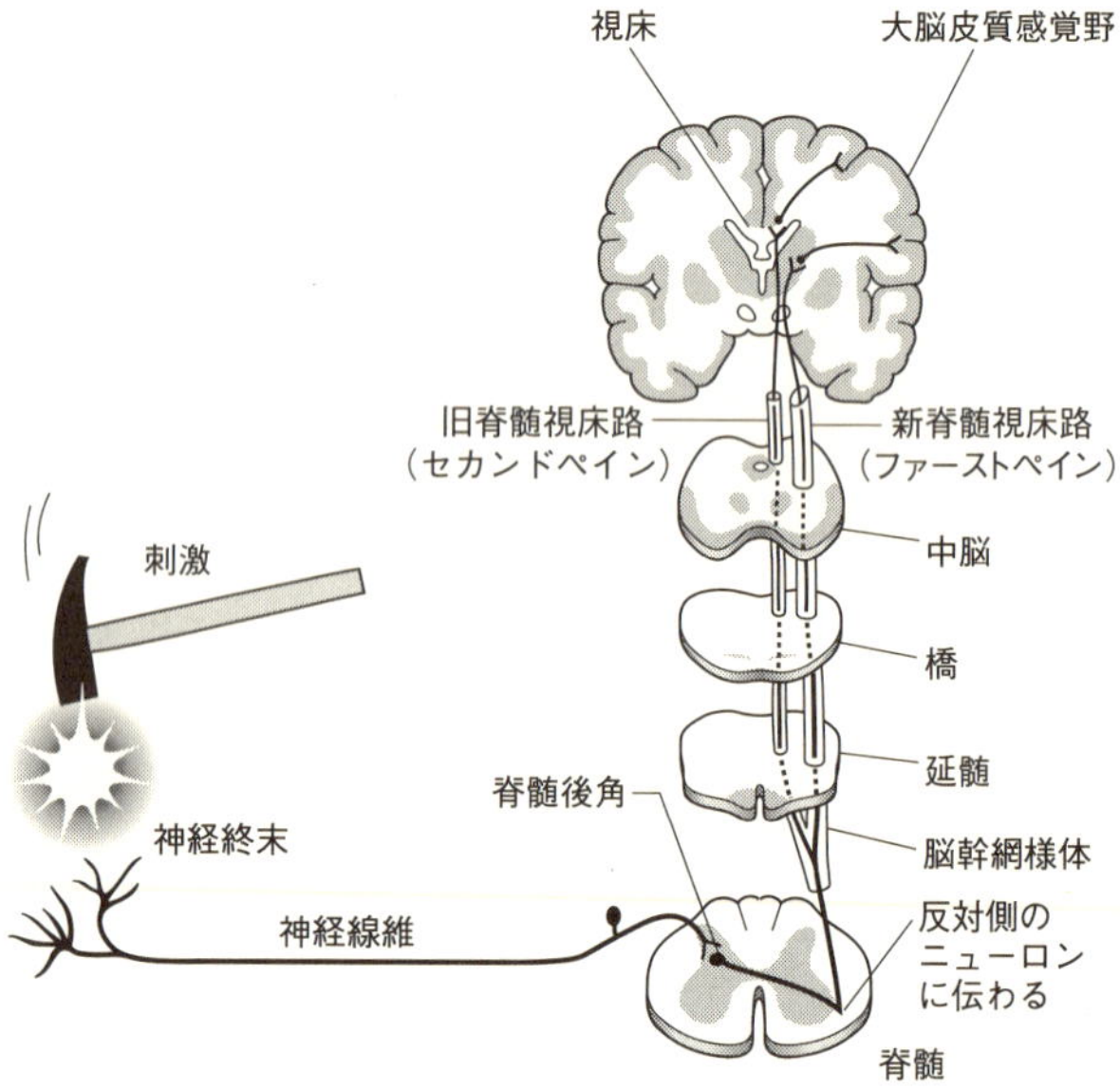

図2-3　痛みの伝達経路　半場, 2004より

みの信号はこのニューロンで、脊髄の腹側および腹外側部から視床へ向けて伝わっていく。

このため、かつては痛みの中枢は視床にあると考えられていた。そこで痛みを除くために、視床のさまざまな核を破壊する手術が行われた。しかしそのほとんどは痛みが再発したり、悪化したりしてしまった。

痛みの中枢は視床ではなかったわけだ。最近では、次のように考えられている。

ファーストペインは視床に入る前に、まず意識や覚醒を司る中枢である脳幹部に入る（顔面や口腔の触、温、冷、痛覚は三叉神経を経て脳幹部に入る）。

そして脳幹部から網様体を経て、視床や連合野、そして大脳皮質の体性感覚野に送られ、痛みとして知覚される。この伝導路では、体のどの部位に痛みがあるかを的確に把握することができる。

一方、セカンドペインは、これとは別の脊髄視床路（**旧脊髄視床路**）で伝わり、橋・延髄や中脳などで中継されて視床と視床下部などに届く。視床は自律神経の座でもあり、強い痛みを感じるときにみられる身体反応としての発汗・立毛・心拍数の増加など、交感神経の亢進にも関わっている。視床に届いた痛み情報は、さらに**大脳辺縁系**（情動に関わるとされる領域）に伝達される。さらに、旧脊髄視床路と深い関係があり、痛みのある部位と同じ側を通る**脊髄網様体路**もあり、これは痛みを抑制する機能と関係している（詳しくは後述する）。

これらの経路では、痛み信号の伝達途中で複数の中継点があって時間を要する。また痛みのある部位を大まかにしか把握できない。

さらに、痛みの信号は大脳の体性感覚野だけでなく、「島」や頭頂連合野、**前帯状回**（いずれも痛みを認知、分析し、情動面と関わる）、さらには逃避行動などの運動の実行に関わる補足運動野までも活性化することがわかっている。そのため、痛み情報を過去の経験と照らし合わせて、どのような痛みかを判断したり、どのようにしたら痛みから逃れるか、といった高次の機能を発揮している。

「痛み」の古典理論

「痛み」は、それを感じる専用の感覚受容器とそれを伝える神経線維、そして感知する脳の領域（痛みの中枢）があるという考えは、哲学者の**デカルト**が最初に発表した（一六六四年）。これは**特異性理論**または**特殊説**とよばれ、長い間、科学的に正しいものと考えられてきた。

それを裏付けるように、一九一一年、アメリカの脳外科医の**マーチン**は、痛みの伝導路である脊髄視床路が走る脊髄の前外側部分を切断し、その部分以下の痛みを抑えることに成功した。この手術は二〇世紀前半、下半身の激痛を救う最後の手段としてさかんに行われた。

しかし症例数が増えるにつれて、その効果が疑問視されるようになった。手術の危険が高い割に鎮痛効果がはっきりしない場合が多く、いったんは効果が得られても痛みが再発する例が多かったからである。この手術は現在ではほとんど行われなくなった。

また、同じ刺激でも、激しい痛みを感じる人もいれば、まったく痛みを感じない人もいる。そして痛みの種類にもさまざまなものがある。これらを、特異性理論では説明できない。

そこで登場したのが**パターン説**である。これは痛覚には特異的な受容器はなく、痛み以外の感覚も感知する神経線維があり、それが伝える電気信号のパターンが痛みの質と量を決めるとする仮説だ。

しかしこの説でも、痛みがその人の心の持ち方にも影響されたり、傷が治った後にも、いつまでも痛む慢性痛のような現象を説明できない弱点をもつ。

ゲート・コントロール説

次に登場するのが、カナダの世界的な疼痛学者**メルザック**と、当時アメリカで研究していたイギリス人**ウォール**の二人が、一九六五年に発表した**ゲート・コントロール説**（以下GC説とする）である。

GC説は、それまでの理論を統合させた画期的な理論である。前述のように、痛みの信号は末梢神経から脊髄後角をとおって脊髄に入り、脳へ伝わっていく。この脊髄後角に、痛みの信号の流入をコントロールするゲート（門）があるという考え方だ。

末梢の皮膚で受けた情報は、太い線維（Aδ線維）と細い線維（C線維）を伝って脊髄に入る。Aδ線維を伝わる信号はいち早く脳へ達し、そこにある記憶を検索したり、痛みの意味付けをする。この処理された情報が脊髄後角のT細胞へ届き、C線維が入力するゲートを閉じる。すると痛みの情報は脊髄へ入りにくくなる（次ページ図2-4）。

たとえば、ケガをしたり何かにぶつけたりしたとき、思わずその部位に手を当てて撫でたりさすったりする。これはGC理論にかなったやり方である。ケガをした部位を撫でたりさすったり

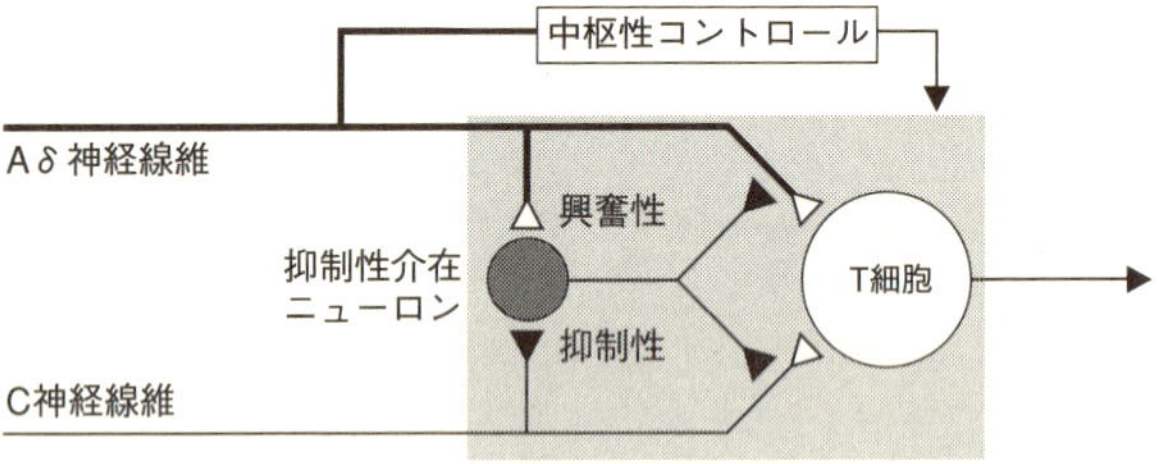

Aδ線維を素早く伝わる信号が中枢で処理され、信号を発してC線維のゲートを閉める。

図2-4　痛みのゲート・コントロール説

Melzack & Wall 1986に基づく

して触覚刺激を与えることでゲートを閉め、痛みの感覚をブロックしているのだ。

子どもが痛くて泣いているとき、「痛いの痛いの飛んでいけ〜」とやる。これもGC理論を応用した痛み緩和術といえる。「痛いの痛いの飛んでいけ〜」と言いながら痛むところをさすることでゲートを閉め、痛みの情報をブロックする。そしてやさしく撫でてあげるというスキンシップをすることで、痛くて不安いっぱいの子どもの心は安心して落ち着く。するとゲートがさらに堅く閉じる。さらに「飛んでいけ〜」と、あたかも痛みが身体の外に放出されたというプラシーボ効果（偽薬効果）による安心感でもゲートが閉じられるわけである。

痛みの抑制系

前述のように、私たちが痛みを感じるシステムは、痛み刺激によって皮膚の受容器が電気信号を発射し、それが神経線維を伝って脊髄を通って、最終的に脳で感知する。その一方で、G

C理論で考えられているように、脳から脊髄後角へと向かって痛みを抑制するシステムもある。こちらを**下行抑制系**という。一方、脊髄後角から脳へ向かうのは**上行系**という。

脊髄網様体路を伝ってきた痛み（セカンドペイン）信号が脳に達すると、脳下垂体や視床下部などからβ-エンドルフィンなどの**オピオイドペプチド**が分泌される（詳しくは167ページで述べる）。それらが中脳の受容体に結合すると、延髄へ抑制性の活動電位（痛みを伝えないように邪魔する電気信号）が送られ、そこでは抑制性のシナプス接続（痛みを脳へ伝える神経と痛みを抑制させる神経の接続）が行われる。

すると脊髄後角にある下行抑制系に関わる神経終末からは、セロトニンやノルアドレナリンが放出され、上行系の神経が興奮するのを抑制する。

2-2 人それぞれの「痛み」

痛みの経験

痛みとは前述のようなメカニズムを経て、脳で感知されることがわかった。しかし、国際疼痛学会の定義でみたように、痛みは障害の大きさや脳の活動部位の広さだけで客観的に決まるわけではない。痛みは、きわめて主観的なできごとであり、そこに痛みを考えるむずかしさがある。

アメリカの生理学者コグヒルは、一七名の被験者の脛に三六～四九度Cの湯をシャワーで当てた。そして、各々の湯で感じる痛みの程度について、0から10の数字で答えてもらった。すると痛みの個人差はさまざまだった。四九度Cの熱い湯をかけられても1（ほとんど痛くない）と答える人もいれば、9（ほとんど耐えられない）と答えた人もいた。さらに、同時に被験者の脳の活動量をCTで測定してみると、痛みの回答ランクと脳の活動量は一致していなかった。

つまり、刺激の程度（この場合は湯温）からも、脳の活動量からも、本人がどのくらいの痛みを感じているかは、客観的に知ることができないのである。

また一言で「痛み」といっても、ズキズキする痛み、チクチクする痛み、にぶい痛みなどさまざまな質の痛みがある。これも客観的には判定することができない。

結局、痛みの質、量のどちらも客観的に測定できず、主観的な報告に頼る以外にない。

このジレンマのことを、哲学者**ウィトゲンシュタイン**（一八八九～一九五一年）は独特の観点から次のように述べている。

「人が他人の痛みを、自分自身の痛みを手本にして想像しなければならないとすれば、それはけっして容易なことではない。というのは、わたしは自分が感じている痛みに基づいて、自分が感

じていない痛みを想像すべきであるということになるから」（『哲学的探究　第一部』黒崎宏訳　産業図書）

痛みは、自分自身の感覚として感じる以外にそれを理解する方法はない。他人が痛みに苦しんでいる様子を見ても、その痛みが自分がかつて感じたことのある痛みと同じ感覚だという保証はない。仮に同じ痛みだとしても、その人がどんな種類の痛みを感じているのか、ということを理解することは不可能なのである。

このように、痛みの経験は単純な生理的な現象ではない。誰もが同じ生理的機能をもっているにもかかわらず、心が大きな影響を及ぼしていて、痛みの経験は人それぞれで千差万別なのだ。現在では、痛みについての論究は、その人の心理・行動面や性格の特性なども考慮に入れなければならないことが常識となっている。

そこで次に、痛みと心の関係をみていこう。

痛み経験と痛みの意味付け

前述の**メルザック**は、同じ親から生まれた仔イヌを、一匹ずつ隔離して育てた。こうして育てられたイヌは、兄弟といっしょに育ったイヌと違って、体をぶつけたり、擦りむいたりする経験をほとんどもたずに成犬になっていく。またそのような痛みを経験したとしても、それをどのように解釈するか、すなわち安心していてよいのかどうかといったことを、親や兄弟などから学ぶ機会も奪われることになる。

すると彼らは、身に危険が降りかかってくるような事態に対して、正常な防衛反応や逃避行動を示すことができない。たとえば、燃えているマッチの炎の中に繰り返し鼻を突っ込んだり、尖った棒で身体をつついても、それを避けようとする行動をほとんど見せなかった。それに対して兄弟といっしょに育ったイヌは、危害が加えられそうになると、それを敏感に察知し、興奮して逃避行動を示した。

隔離飼育されたイヌは、痛みを感じることができなくなってしまったのだろうか？　いや、そうではなさそうだ。強い電気ショックを与えると、彼らは激しく興奮して、そこから逃れようとしたからである。

つまり、隔離飼育されたイヌも「痛み」を感じてはいるのだが、それを身に危険が迫っている事態として捉えることができないのだ。彼らはすべての刺激に対して同じように反応してしまう。成長する過程で痛みの経験が少なく、他者の反応から学習する機会がない、ということは、周りの環境の危険性を学習する機会がなかったということになる。

痛み経験と痛みの程度

また痛みの感じ方についても、経験が大きく影響する。

たとえば転んで同じようなケガをしたとき、大声で泣き叫ぶ子もいれば、ケロッと平然としている子もいる。これも過去の経験、すなわち親の対応によるところが大きい。大したケガではないのに、大げさに騒ぎ立てる親もいれば、ほとんど意に介さずにいる親もいる。子どもはこのような親の対応を見て、自分の痛みやケガの重大さを解釈しているのである。

これは**ソーシャル・リファレンシング**とよばれる。子どもの痛みの感じ方や解釈の仕方には、周囲の反応が大きな影響を及ぼしているのである。そして次第に、痛みを起こす前段階として、環境にあるものが危険なものか否かを察知する際にも、周囲の反応を観察するようになっていく。こうして人は、自ら体験した痛みと、周りの人の反応から、周囲の環境を学習していく。

著者の研究では、一人っ子よりも二人兄弟の方が痛みの訴えが強く、三人兄弟になるとそれが最大になることがわかった。特に三人兄弟の真ん中の子はその傾向が最大である。兄弟が多いほど、痛みがあると、それを兄弟に訴えて取り除いてもらおうとする術を身につけてきたに違いない。このように、痛みの感じ方とその表現の仕方は、生まれ育った環境によるところが大きいのである。

痛む部位への意識と痛みの程度

痛い部位があるときに、その部位に意識を向けるか否かによっても、その人が感じる痛みの強さは異なる。

たとえば、格闘技の選手は試合中に大ケガをしても、試合に夢中になって興奮していると、自分がケガをしていることにさえ気づかないこともある。また長年舞台で演じてきた女優が、普段は激しい関節痛に苦しんでいるのに、舞台で役を演じているときにはその痛みが消え、舞台を降りるや否やまた痛み出す、と言うのを聞いたことがある。

これらの事実は、次のような実験でも確かめられている。

普通、人は手を氷水に浸すと、わずか数秒で耐えられない痛みを感じる。実験ではこの氷水にできるだけ長く手を浸すように指示し、同時に音楽やホワイトノイズ（広い周波数成分からなる雑音）を聞かせた。すると被験者は、自ら足で拍子をとったり、声を出して歌ったりして痛みから注意を逸らそうとし、より長い時間、氷水に手を浸すことができたのだった。

注射を打たれるとき、そこを見ないほうがよいというのもこの現象の応用といえる。

イギリスの生理学者クラークは、被験者の前腕に痛みの刺激を与えるときに、「被験者に見せたとき」、「拡大鏡で拡大して見せたとき」、「見えないように他の物体を見せて注意を逸らしたとき」の三条件で体性感覚野の活動を測定した。すると、自分の腕を見せたとき、特に拡大鏡で見せたときに、反応が最大になった。

身体の感覚は、見たり注意を向けている部位が敏感になるようだ。だから、注射を打たれるときはそこを見ない方がよいのである。

ただし、すべての痛みを、注意を逸らすことで軽減できるわけではないようだ。メルザックの実験でも、痛みの感じ方を軽減したり、感じなくできるのは、痛みの強さが一定の場合や、ゆっくりと時間をかけて痛みが増してくる場合に限られ、急に襲ってくる痛みには効果がない。

また、頭痛や腰痛、神経痛など複数の痛みがあるときは、その中でもっとも強い痛みだけを主に感じ、他の痛みは実際よりも小さく感じる傾向がある。医学の祖、古代ギリシャのヒポクラテスも「痛みが二つあるときは、強いほうの痛みしか感じない」と言っている。

この現象は生理学では**側部抑制**といわれ、痛みを痛みで抑える場合に限らない。多くの感覚が一斉に脳に入って反応しようとすると、信号が遮られてしまうのだ。

たとえば、打ち身をしたところに氷を当てると、腫れがひいていくだけでなく、冷たさの刺激で打ち身の痛みが遮断されて和らぐ。またセックスの最中には、ある程度の痛みは気にならなくなる。これも脳が大量の快感信号を受け取るため、少々の痛みは遮断してしまうためだ。

で有名である。

痛みの意味と痛みの程度

ロシアの生理学者**パブロフ**（一八四九〜一九三六年）は、イヌの条件付けの実験を行ったこと

イヌに、強い電気ショックを与えた後にエサをやることを繰り返す。イヌは、最初のうちは電気ショックを受けると、鳴いたりもがいたりして強い痛みを感じているように見える。ところがそのうち、イヌは電気ショックを喜んでいるかのような反応をみせるようになる。電気ショックがくると、尾を振り、よだれを流し、エサの皿を見続けるようになったのだ。もはや電気ショックは痛みではなくなったのである。

パブロフは「このイヌにとっての電気ショックの刺激は、痛みとしてより、エサがもらえるという意味になり、それに応じた反応をしているのである」と述べている。

また、スイッチを押すと電気ショックとエサが同時に与えられる仕組みの部屋に入れられたネコは、エサを得るために、電気ショックに耐えてスイッチを押すことが、実験的にたしかめられている。

これらの反応は私たちでも同じだ。第二次世界大戦のイタリア戦線で、アメリカ軍の軍医**ビーチャー**は驚くべき見聞をした。

野戦病院に運び込まれる兵士たちは、腕を失ったり、腹や胸に深い傷を負っていたのにもかかわらず、痛みをほとんど感じていないのだ。痛みを和らげるモルヒネを打ってくれと訴えた兵士は三分の一に過ぎなかった。兵士たちは別にショック状態で痛みを感じていないわけではなかった。なぜなら、彼らに静脈注射をしようとしてうまく針が刺さらなかったりすると、普通の人と同じように強い痛みを訴えたからである。

ビーチャーは帰国後、ハーバード大学に帰り、骨や腹、胸などに戦場の兵士と同程度の傷を負っている手術後の患者の痛みについて調べてみた。彼らの実に八〇％は、痛みに耐えられないためモルヒネを必要とし、それを必要としない患者はわずか一七％しかいなかった。

なぜ戦場の兵士は痛みを感じなかったのか。前線での戦闘に夢中になるあまり、傷を負ったことに気づかなかったわけではない。彼らは負傷したことを明らかに意識していた。

実は彼らは、重傷を負ったことで、戦場から離れられ、故郷に帰れることに安心したり感謝したりしていたのだ。もちろん戦友を見捨てることに対する罪悪感や、負傷したことに対する困惑などはあった。しかしそれよりも、生きて帰国できることへの喜びや安堵感のほうが勝っていたのである。

それに対して一般市民にとっての手術後の痛みは、治癒するか否かといった不安や、休職をはじめ経済的な問題などの否定的な事態が絡まりあっている。このように痛みは、それがどのような意味をもつのか、ということによって感じ方が大きく変わってくるものなのだ。

さらに痛みの感じ方は、その痛みに対してあらかじめもっている考え方、すなわち「思い込み」の効果も大きいことがわかっている。先に述べたコグヒルらの研究では、同じ刺激を与えても、痛みが大きいと思い込むと、脳の「島」や前帯状回の血流が増えて、実際に感じる痛みも一・五倍にも膨れ上がるそうである。たとえば、過去に似たような場面で感じた痛みの記憶や、他人からどの程度痛いのかを聞いたり、想像したりすることで、痛みの思い込みは増すという。「心頭滅却すれば火もまた涼し」とまではいかなくても、念ずれば鎮痛効果は期待できる。

体の痛みと心の痛み

「痛み」という言葉は、身体と同じように心に対しても用いられ、「心が痛む」と言ったり「心が傷つく」と言ったりする。英語でも heartache といえば、文字通り「心臓の痛み」だけでなく、「心痛」や「悲嘆」のことでもある。同じように headache といえば、「頭痛」だけでなく、「頭痛のタネ」にも用いる。

それでは、心の痛みと身体の痛みは、どのような違いがあるのだろうか。

アメリカの生理学者、アイゼンバーガーたちは、次のような実験をおこなった。

大学生にコンピュータゲームをやってもらい、その間の脳の活動をｆＭＲＩで追跡した。

実験では、最初はコンピュータ上の仲間たちが自分のプレーに協力してくれるのだが、途中からは、いきなり何の説明もなく自分を無視するように振る舞うようになる。こうして被験者は仲間はずれにされた疎外感を味わうわけだ。

このとき被験者の脳の前帯状回の背中側と「島」の活動が高まることがわかった。とくに仲間に無視されることにいたたまれない苦痛を感じた被験者は、それらの部位の活動がもっとも高まった。

実はこれらの反応は、体の痛みに反応するのと同じパターンである。このことから、私たちは心理的な痛みを身体的な痛みと同じように経験しているということができるだろう。その痛みの程度は、失恋では骨折、友人からの仲間はずれやデートでの待ちぼうけでは、足をナイフで刺されるのと同じレベルの痛みだと考えられている。

さらには、失恋などの精神的なショックを受けたときや、それを思い出したとき、「胸がキュンと痛む」ことがある。このとき、心臓には実際に痛みを感じているようである。精神的なショックを脳で感知すると、それが視床下部や延髄を経て、心臓全体に張り巡らされた交感神経に伝わる。すると心臓の筋肉が瞬間的に収縮し、痛みを感じるわけである。

ちなみに「痛み」を意味するラテン語の dolor やフランス語の douleur も、心の痛みと体の痛みを区別してはいない。これらの単語は、刑罰による身体的な痛みから悲しみに至るまで、広範囲な意味をもっている。

痛みの民族差

痛みの感じ方に文化や民族による違いはあるのだろうか。

同じ人間である以上、痛みの生理的メカニズム自体には民族差はない。しかし、同じ刺激でもそれを「痛い」と感じるか否かについてはある程度の民族差があるようだ。たとえばイタリア系やユダヤ系の人は、北欧の民族と比べて、より低い温度の輻射熱で痛いと感じる。

さらに、実験的に与えられた痛みを「どの程度まで我慢できるか」という点では、民族差がより顕著にあらわれる。たとえばアメリカの疼痛学者スターンバックらの実験によると、ラテン系の人は、ネイティブアメリカン系やユダヤ系の人たちに比べて、痛みに弱いようである。また、東洋やインド、北欧の人々は、ラテン系や地中海沿岸の人々に比べて、痛みに強いということも分かっている。

私たち日本人はどうか。日本人は痛みは我慢すべきものと考える伝統がある。痛みに我慢強いことは美徳とさえ考えられている。同じアジアの国々でも、中国や東南アジアでは、六歳くらいまでは子どもが大声をあげて泣くことが許されるのに対して、日本では子どもがまだ小さいうちから、「泣かないで我慢しなさい」と教えられることが多い。

一方アメリカでは、痛みは悪者と割り切って考えるため、痛みは取り除くことが当然だと考えられている。そのため一人当たりの鎮痛剤の使用量が日本の三倍にもなるという。また、出産も九五％以上が無痛分娩である。無痛分娩の方が妊婦の産後の回復も早く、生まれた子どもの世話がスムーズにできるといわれている。

ところが日本では今でも、「腹を痛めて産んでこそ、わが子をかわいいと思える」という考えが根強く残っており、無痛分娩はなかなか広まらないようである。

こうして痛みの表現や感じ方は文化の鋳型に合うように作り上げられる。

だから「痛みの民族差の有無」について、生理学者は「まったくない」と結論し、心理学者は「少しある」と言い、民俗学者は「差が顕著である」と言うわけである。

痛みの訴え方

社会生活を営み、言語という高度に抽象化されたコミュニケーションをしている人間にとって、「痛みをどのように感じているか」ということよりも、「痛みをどのように他者に伝えるか」ということがさらに重要だ。この領域で先見的な報告をおこなったアメリカの人類学者**ズボルフスキー**は、一九六九年の論文で、痛みを訴える人たちの民族差を興味深く描いている。

それによると、ネイティブアメリカンやアイルランド人は、日本人と同様に、痛みを「我慢すべきもの」と捉えており、痛みを我慢することは勇気や忍耐の証であると考えている。たとえばネイティブアメリカンは、痛みが辛抱できなくなると、人目につかないところに行き、一人きりになってから呻きはじめる。

それに対してユダヤ人やイタリア人は、人前で公然と痛みを訴えようとする。ユダヤ人はその痛みが何であるか、あるいはいかに痛いかを訴える。痛みは自分が犯した罪に対する懲罰か、あるいは悪であると考えているからである。だから懸命にそれを人に訴えて取り除いてもらおうとするわけである。

イタリア人も大げさに表現し、何とか痛みを取り除いて欲しいと人に訴える。メキシコ人も痛みがあると人前で叫んだり呻いたりするが、それは救援を求めているというよりも、単に本人が痛みから解放されたいからであるようだ。

ズボルフスキーは、「痛みを分析するための研究は、実験室や診察室のなかだけでなく、社会という複雑な迷路においてもなされなければならない」と書いている。

痛みの性差

痛みの感じ方や訴え方には、性差もあるようだ。

一般に、女性は男性よりも痛みの感受性が強く、痛みを訴えることも多いと考えられている。

それには三つの理由がありそうだ。

第一に、文化的に、女性は男性よりも痛みを表現することに寛容だからと考えられる。

第二に、女性は普段から生理痛などを経験しているため、痛みに馴染んでおり、それを当然のものとして他人に話す機会も多い。それに対して男性は痛みに慣れていないために、痛みがあることに困惑してしまう。しかも「男は強くあるべし」とする文化的な規範があるため、他人に話すことにも抵抗があるとも考えられる。

そして第三は、一般に女性は男性よりも身体能力が弱いため、女性の身体は感受性を強めて、できるだけ早く痛みに気づき、その原因を早く取り除いてもらうように、他者への表現も多くするように進化したのだとも考えられる。

最近では、そもそも痛みを感じる脳部位にまで性差があることがわかってきた。

アメリカの生理学者バーマンは、男女の被験者に軽い痛みを与え、そのときの脳の活動部位を測定してみた。すると、女性は痛みを感じると、男性よりも感情に関与している部位（**前帯状回**）の活動が高まった。それに対して男性の脳では、痛みを認知し分析することに関わる「島」の活動が、女性よりも高まることが分かった。

その理由は、原始時代の行動の違いに由来するらしい。

つまり、主に家事や子育てを担当していた女性たちは、危険が迫ると、まず子どもを守ることを第一に考える。そのため、実際に痛みを感じたり、危険を予知したりすると、まず不安や恐怖の感情が喚起され、それを顔に表して、他者に訴えて取り除いてもらおうとする。つまり、他者の助けを借りて、子どもを守ろうとするのである。

それに対して男性の場合、危険が迫ると自ら「戦うか逃れるか」の選択を迫られるため、状況から情報を集め、分析するための機能が発達したのだと考えられている。

2-3 痛みと心の発達

痛みを学ぶ

たとえば熱いものに触れると瞬時に手を引っ込めるのは、無意識に危険を避けて身を守る**逃避反射**あるいは**防衛反射**という。これは、危険なものに触れたり遭遇した際に、個体の生命を守るために獲得されたきわめて重要な反射であるため、脳に到達する前に、脊髄レベルで起こる。

このような反射は種ごとに決まった形をとり、基本的にはいつも同じ逃避反射があらわれる。

しかし、直接的な有害な刺激に接触した場合を除いて、環境にあるどのようなものに対して逃避反射をするかは、育つ環境の中で学習されることが多い。

スウェーデンの生理学者、**シュエンバーグ**は、痛みに関するシンポジウムで、次のように述べている。

「かつて、痛みは経験とは無関係で、必然的に発達するものと考えられてきたが、そうではない。経験することによって再組織化されるシステムなのだ」

シュエンバーグらは、生まれたばかりのラットの尻尾に熱刺激を加えたときの逃避反射の発達について実験した。

最初から熱刺激を繰り返し加えられたラットは、逃げることを学習し、生後二〇日ほど経つと成体と同じように逃避できた。しかし、尻尾をチューブに入れたり麻酔をかけたりして、一切の刺激が与えられないで育ったラットは、成体になってから熱刺激を加えても逃避反射も現れないうえ、その後も逃げることを学ぶことができなかったのだ。

この実験結果から、痛みからの逃避反射を起こすためには、発達の初期から「適度な痛み」を経験し、痛みからの逃避行動やそれに接近しないことを学習する必要のあることが分かる。

ただし、だからといって強い痛みを長期間与えれば、慢性痛のようなシステム自体の変化を引き起こしてしまい、逃避反射を学習することにはならない。この「適度な痛み」というのが重要なようだ。

痛みから学ぶ

先天性無痛症という病気がある。知覚神経ルートのどこかに欠損があるため、痛みを脳が感じられない病気だ。この患者は、体のどこかが傷ついていても、出血や腫れなどを目で確認しない限り気づかない。痛みのない世界にいる子どもは、環境から危険を学習することがむずかしく、また痛みに対する防御反応が欠如しているため、骨折や脱臼を繰り返してしまう。そしてその状態で動くために、さらにその症状が悪化していく。そのような子どもは、「ぶつけると痛いから気をつけよう」という認知は育たない。このため知的発達も大きく遅れることが多い。

ある程度の急性の痛みは、心理的にも身体的にも、健全な成長のためには不可欠な教材であるといえるだろう。

健常な人でもそうだ。脳に存在する**ノシセプチン**（ペプチドの一種）という物質は、痛みを感じたときに増えることから、これまでは痛みを増幅する作用があると考えられてきた。しかし最近の研究から、ノシセプチンは記憶や学習にも関与していることが明らかとなった。つまり、ある程度の痛みを感じてこそ、そこから学習し、二度と同じような刺激に近づかないように記憶するはたらきが脳にはあるということである。

最近は痛みから学ぶという発想ができない親が多いように思う。痛みからあまりに慎重に遠ざけられた子どもは、それを学習する貴重な教材を奪われたことになる。痛みという生きるために必要な感覚を遮断された子どもたちは、いかにも頼りなく脆弱《ぜいじゃく》な傾向があるのではないか。

子どもは自由に遊びまわってケガをしたり擦り傷を作り、また友達どうしでおもちゃの奪い合いやケンカも大いにやって、心身の痛みを経験することが必要だろう。そしてそれへの対処法を自らあるいは大人たちから学んで、正常な認知、判断力、そして人間関係の能力を身につけて成長していくのではないだろうか。

他人の痛みを知る

フランスの精神医学者**ワロン**（一八七九～一九六二年）は、乳幼児の泣くことの中に、人間が困難を克服していく過程の原型をみている。泣くことは慰められることを求める行為であり、人は情緒的な交流のもとで初めて痛みを克服できるというのだ。とくに心理的な痛みに対してはそうである。仲間からの支援や援助や共感によって、心の傷や痛みはずいぶん和らぐはずだ。

兄弟が少なく過保護に育った子どもは、そもそもケガをしたり苦痛を味わう体験自体が、周囲の大人たちによって注意深く取り除かれている可能性が高い。人は自らの痛みの体験を通じて痛みを和らげる方法を学んでいく。他の人に自分の痛みを訴え、救いを求めることで痛みを軽くする術を体得していく。だから前述のような環境で育てられると、自分自身の痛みの経験が少なくなるばかりでなく、他人の痛みに対する理解や共感も少なくなる恐れもあるのではないだろうか。

隔離飼育されたイヌと同じように、人でも、子どものころに痛みをあまり経験せずに過ごしてしまうと、危害が及ぶ刺激から逃れる反応が遅く、かつ不十分になる。他人に危害を与えてしまったときにも、相手がどのくらい痛いのかが理解できない。「わが身をつねって人の痛さを知れ」ということができなくなってしまうのである。

最近の幼稚園や保育園では、子どもがケンカや争いごとを始めると、保育士がすぐに仲裁に入って、無理やり仲直りさせるところが増えているという。子どもにケガをさせると、保護者がすぐに苦情を言ってくるからだという。このような、すべてに過保護で、事なかれ主義の強い教育環境を考えると、人の痛みがわからない子どもが増える傾向は、現代の子どもたち全般にいえるのではないか。

兄弟や友だち同士で取っ組み合いのケンカでもして、青あざや擦り傷の絶えなかった幼少期を送った子どもは、相手に殴られた痛みを強烈に体験している。そのおかげで、相手を殴ったときの相手の痛みも、自分の心の痛みを伴って共感できるようになる。

痛みを知らない心

ところが、そのような経験をせずに、たとえばテレビゲームばかりやっていたとしよう。身体感覚を伴わないヴァーチャルな遊びだけを経験してきたら、生身《なまみ》の友だちとケンカしたとき、どのくらいの強さで殴ったらいいのか、どの程度のことまで許されるのか判断基準が持てない。

イギリスの生理学者**シンガー**らの研究では、他者の痛みに共感するとき、痛みを感じている人と同様な脳の神経活動が起きていることが示された。

実験ではまず、一六人の女性の手に電気ショックを与え、その際の彼女らの脳活動部位をｆＭＲＩで観察した。次に、それぞれの女性の恋人である男性に同様の電気ショックを与える場面を見せ（ただし手に通電される様子だけで、男性の表情は見えない）、同じく彼女らの脳をｆＭＲＩで観察した。

すると実際に自分が痛みを受けた場合は、「島」の後部と前帯状回、第一次および第二次体性感覚野、および脳幹、小脳の活動が亢進した。

それに対してパートナーへの刺激場面を見た場合は、「島」の後部と前帯状回の活動が活発になった。また、被験者の女性たちに共感性を測る心理テストも行ったところ、その得点が高い女性ほど、これらの部位の活動も活発になっていた。

シンガーらはこの結果について、実際に痛みを体験する場合、知覚と情動の両部位での脳活動の亢進がみられるが、共感による追体験は、情動に関わる部分だけの活動亢進であることが実証されたとしている。

痛みには知覚的な側面と情動的な側面があり、人はその情動的側面だけで他者の痛みを追体験することができるのである。だから子どもは、友だちが痛みを感じているのを見て、同じように不安になったり、悲しくなって泣き出してしまったりするのだろう。

人は身体の痛みには、「手当て」、すなわち手で「撫で」「さする」ことでそれを鎮めているのと同じように、心の痛みにも、身体に「触れ」「抱きしめる」スキンシップが有効であるというのも、このような現象から考えると、同じことなのだろう。

2-4 「痛み」の進化論

「痛み」のもつ意味

「痛み」は人間にとって、どのような意味をもっているのだろうか。

これまでは当然のように、痛みは警告信号だと考えられてきた。確かに、体の危険にさらされている部位を知らせてくれる、という役割は重要である。

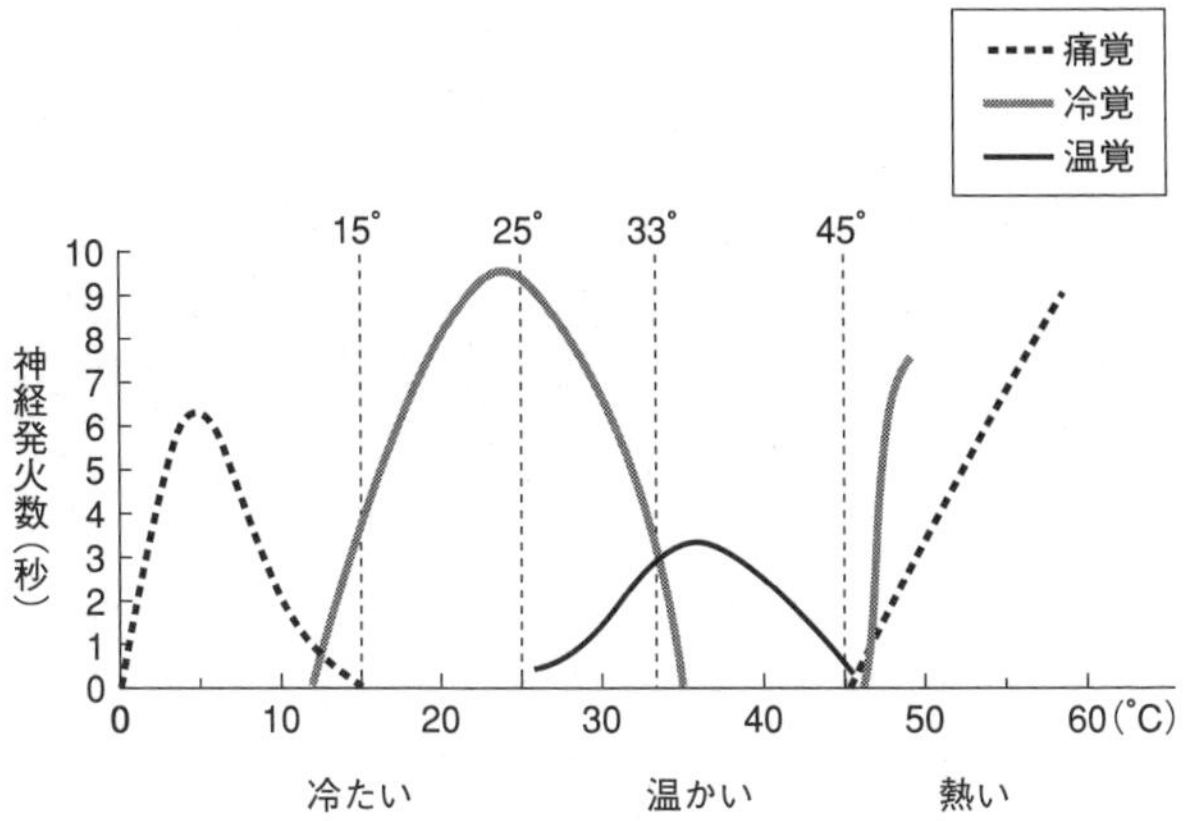

極端な温度では痛覚のみが、高温ではむしろ冷覚と痛覚が発火している。これを「矛盾冷覚」という。

図2-5　温度による温覚・冷覚・痛覚の感受性

皮膚には痛点の他に、温かさを感じる温点と冷たさを感じる冷点もある。どちらも痛点と同様に特定の受容器をもたず、自由神経終末で温度を捉えている。

だがこれらも、それぞれ温かさや冷たさだけに反応しているわけではない。確かに前者は温かい刺激に敏感に反応し（三五度Cで最大の反応を示す）、後者は冷たい刺激に敏感に反応している（二五度Cで最大の反応）。しかしそれは温度が適度の場合だけで、たとえばあまりに熱い温度のお湯に手をつけると、「痛い」と感じる。その境界は四五度Cである（図2-5）。

なぜ四五度Cなのだろうか。じつはこの温度はちょうどタンパク質が固まり始める温度でもある。だから四五度C以下では「熱い」と感じていたお湯が、そこを境に「痛い」に変わるわけである。さらに六〇度Cを超えると細胞が壊れて、激しい痛みを感じることになる。

同じように、冷却材のドライアイスに触れたときにも、冷たいどころか痛いと感じるし、雪や氷に長時間触れていても痛みを感じる。

もし熱くても不快な痛みを感じなければ、ずっと触れていて、タンパク質が固まり、ヤケドを負うだろうし、冷たいものに触れても平気であれば、血行障害を起こし、凍傷を負ってしまうだろう。適温以上でも以下でも皮膚が痛みを起こす理由は、どちらも身体にとって危険であることを示しているからだ。

痛みはそれらに対する警告信号としても機能しているといえる。

しかし詳しくみていくと、必ずしもそうではないようだ。イギリスの著名な神経科学者のウォールは、「痛みはきわめて貧弱な警報システムである」と述べている。

たとえばガンのように、致命的な危険が迫ってから初めて痛みだすものもある一方、ささくれのように、ささいな傷なのに痛くて仕方ないこともある。また、脳のようにきわめて重要な器官なのに、そこにメスを入れても痛みをまったく感じないものさえある。

このように、痛みがきわめて大切な感覚であるにもかかわらず、不完全なシステムでしかないというのは、進化的にどのように考えたらよいだろうか。次にそれを考えてみよう。

慢性痛の原因

痛みのメカニズムがあまり分かっていなかった時代には、痛みは短期間で終わる**急性痛**と、長期にわたる**慢性痛**に分類されてきた。これは単に期間の長さによる分類で、急性痛が連続して長期にわたったものが慢性痛だと考えられていた。

ところが慢性痛は、急性痛とは異なるメカニズムで生じることが最近の研究でわかってきた。メカニズムが異なれば当然、治療法も異なる。そこで、現在では、メカニズムによる分類が必要とされて、**侵害受容性疼痛**と**神経因性疼痛**、さらに**心因性疼痛**の三つに分類されるようになった。

これまで述べてきた、ファーストペインやセカンドペインも、そのメカニズムからすれば、傷や打撲、ヤケドのように、外から身体に有害な刺激が加わることで起こる点では同じ侵害受容性疼痛だといえる。また慢性痛と考えられていた関節リウマチの痛みも、免疫反応による炎症が日々新たに起こっている点で、侵害受容性疼痛が日々起こっているものである。

ところが、交通事故などで腕や脚を切断したあとにも、ないはずの腕や脚が痛む**幻肢痛**や、帯状疱疹に罹ったあとで起こる**帯状疱疹後神経痛**などは、痛みを伝える神経自体が変化してしまったために起こるもので、治療が難しい。患者にとっては日常生活を破綻させかねないほどやっか

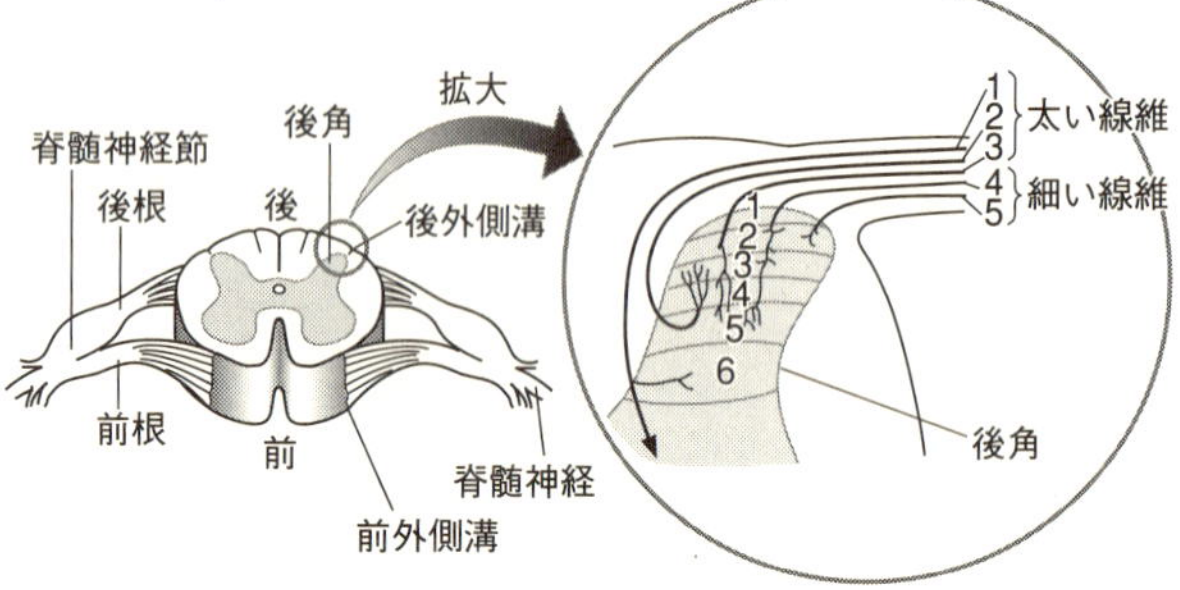

図2-6　脊髄後角での神経配列　東山ら, 2000より

いなものでもある。

この神経因性疼痛はじつは何の警告も発してはいない。

神経因性疼痛のメカニズムはバネを例に考えてみると分かりやすい。バネを一定以上の力で引っ張ると、もとの弾性力は失われて使い物にならなくなる。同じように、強い痛みが長い間続くと、痛みのシステムに異常が生じて、痛みの原因となるものがないのに痛み刺激を送り続けるのだと考えられている。これを可塑性《かそせい》という。

可塑性の理由は、次のメカニズムにあるようだ。脊髄後角に到達する末端からの神経線維は、通常は第一層から第六層まで、太い神経から細いものへときれいに並んでいて、痛覚を伝えるC線維とAδ線維は第一層と第二層に達する。（図2-6）。ところが痛みが続くと、通常は脊髄後角の第三層から六層までしか達していない触・圧覚の神経線維が、第二層にまで達することがある。これを**中枢感作**という。

つまり、触・圧覚を伝える神経線維（Aβ線維）が、痛みが中継される場所へ向けて異常な発芽をして伸びていくのである。こうなると、普段は痛みとして感じることのない触覚や圧覚の刺激が、痛みとしても中継されてしまう。すると、痛覚過敏をさらに助長させる原因となってしまう。だからこそ、急性の激しい痛みは、長引かないように、できるだけ早く鎮めてしまう必要があるわけだ。

急性痛が慢性痛になるもう一つの現象が、皮膚の神経末端部でも起きている。

皮膚を侵害する刺激を感知したC線維の情報が脊髄後角に達すると、脊髄反射として交感神経や運動神経に命令が出て、患部の血管を収縮させたり、患部の近くの筋肉を収縮させる。もちろん、患部が出血している場合はこの反射は大助かりなのだが、そうでない場合でもこの反射は起こり、痛みがある限り続いてしまう。すると、患部のC線維は、それをさらに痛みとして知覚して信号を送り続ける、という悪循環に陥るのである。

進化からみた慢性痛

痛みのメカニズムは、このように想像以上に精巧な面と、意外なほど愚かな面とを併せ持っている。なぜそのようになっているのか。痛みに関する生物の進化の歴史をひもといてみよう。

たとえばゾウリムシなどの原始的な動物でも、刺激に対して逃避反射を起こす。この段階で痛みがあったか否かはわからないが、刺激から逃れる反射は備わっていた。

もう少し進化したホヤやナメクジウオのような原索動物では、痛みを伝える神経に相当するものが分化している。これで快・不快を学習し記憶できるようになり、不快を与える刺激には近づかないようになる。つまり、痛みの刺激に対して逃避反射を起こすシステムと、あらかじめ痛みを回避するシステムが備わることになる。このときの痛みを伝える神経は細い神経線維で、不快な感情を起こす古いシステムなので、**旧脊髄視床路**という。

さらに進化すると、新しいシステム（**新脊髄視床路**）が加わり、より早くより正確に痛みを感知することができるようになった。サルやヒトでは新脊髄視床路の方がよく発達しているが、古いシステムも依然として残っていて、それが「貧弱な警報システム」となっているのである。

痛み記憶の不思議

それではなぜ、ヒトにも依然として原始的なシステムが残っているのだろうか。

痛みのうちファーストペインは「痛い」という感覚を起こすが、すぐに鎮まって、とくに不快なものではない。これでは、痛みを感じてからの逃避行動を起こせても、そこから学習することはできない。そこで、セカンドペインとしてじわじわと続く不快な感情を起こし、長期にわたってその状況を記憶にとどめさせるのだろう。

このように、痛みは原始的な不快感を起こさせるため、すべての生物は、痛みを感じると冷静さを失い、立ちすくみ、痛みが引くまで心はすべてそのことで満たされてしまう。

それにもかかわらず、痛みは記憶には残りにくい。複雑に分化した、つまり情報量が多い感覚は手がかりが残りやすいが、単純な感覚である痛みは記憶としては残りにくい。どんなに強烈な痛みでも、それがいったん引くと、あっという間に記憶から抜け落ちてしまう。時間が経つと「痛みのあまり血の気が引いた」とか「痛くて泣きわめいてしまった」など、痛みそのものではなく、それに伴った事柄の記憶が抜け殻のように残るだけとなる。生々しい痛みの不快さそのものは、どうしても思い出せないのである。

しかし、そのことこそが大切なのかもしれない。もし痛みの不快さや辛い感情が、正確に再現できたとしたら、その人は繰り返し苦痛や恐怖にさらされることになる。どんな状況で痛みが起こり、その結果どんな行動をしたのか、ということだけを覚えていれば十分だ。

つまり、痛みというのは、二度と似たような刺激に近づくことがないよう、生体に大きなインパクトを与える。その一方で、痛みが去ったあとは、痛みそのものの感覚は記憶から去るというのは、じつにうまく仕組まれているといえるのかもしれない。

第3章

痒い!

3-1 「痒《かゆ》み」とは何か

「痒み」の定義

「痒み」という言葉は、もちろん皮膚の表面で感じられるあの不快な感覚を指すのだが、その掻かずにはいられないイライラした感じから、日常生活の中では「歯痒い」「むず痒い」「隔靴掻痒《かっかそうよう》」などさまざまな表現で使われている。

英語でもitchという言葉は、単に「痒み」、「痒い」という意味だけではなく、「～したくてむずむずする」、「～したくてたまらない」という欲望や渇望を意味することもある。

さて最初に痒みを医学的に定義したのは、ドイツ人の医師ハフェンレファである。彼は一六六〇年に、「痒み」を「掻きたくなるような、あるいは掻かずにおられないような、そして掻破行動を起こす不快な感覚」と定義した。単に不快な感覚としてではなく、それに伴って起こる「掻く」という行動まで含めて定義している点が重要である。

「痒み」と「掻く」という行為は、一対一のきわめて緊密なつながりがある。掻きたいという欲求は、非常に強い。ヒト以外の動物では、痒みがある皮膚を掻き壊して潰瘍ができたり、さらにそれが化膿して、死ぬまで掻き続けることもあるという。

たとえば痛みに対応する行動には、第2章で述べたように、「撫でる」「さする」「手を当てる」「（刺激から）逃げる」などいろいろな反応がある。またその人がどんな種類の痛みをどの程度感じているのか、ということは客観的にはわからない。「ズキズキ」「ヒリヒリ」など、痛みはさまざまな種類のものがあり、さらにはその人の心理的な影響を色濃く反映している。

これに対して「痒み」には一種類しかなく、しかもその強さは、掻く程度を測れば客観的に分かるのである。


痒みは「弱い痛み」？


「痒み」は「痛み」とは明らかに異なる感覚であろう。それにもかかわらず、つい最近まで、生理学では「痒み」は「弱い痛みの感覚」と考えられてきた。たしかに両者は似ている点がある。

第一に、皮膚の痛点に弱い電気刺激を与えると、痒みを感じることがあげられる。この場合、痒みを起こす物質（**起痒《きよう》物質**）の一つであるヒスタミンをみると、単に分泌量の違いにすぎない。つまり分泌量が少ないと「痒み」を、その量が一〇〇倍ほど多いと「痛み」を感じるのだ。

他にも、起痒物質と発痛物質は似ており、その量の違いで痒みか痛みを感じることが分かった（次ページ図3−1）。

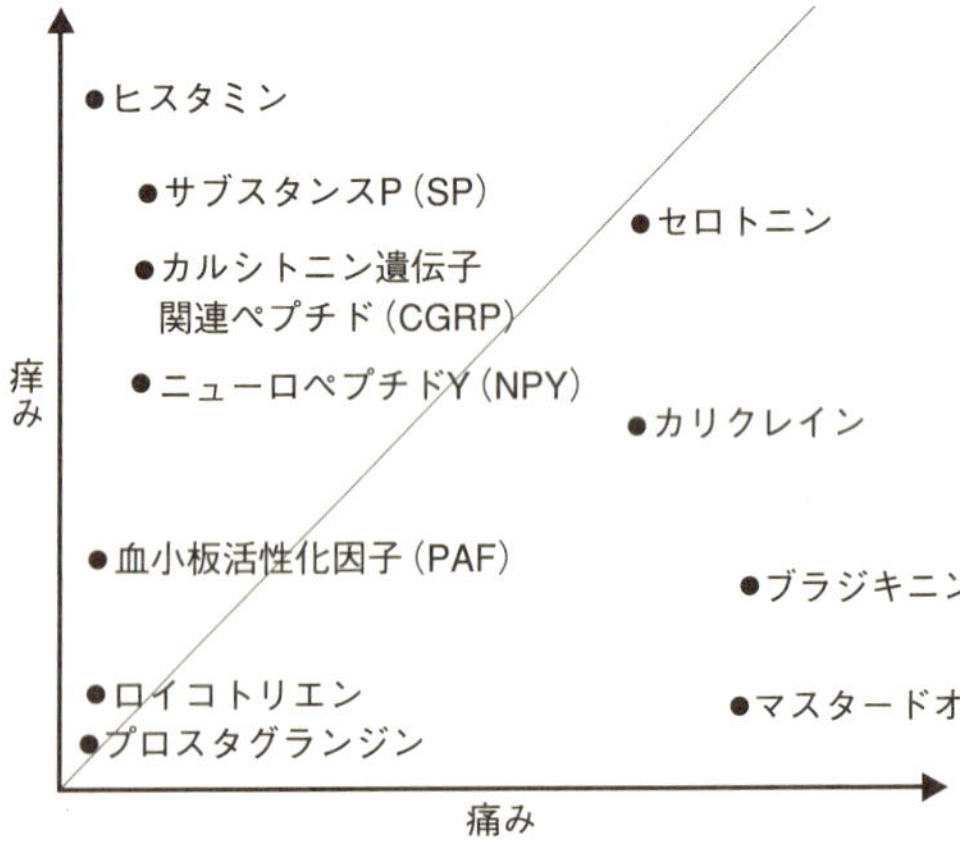

同量で比べた場合に「痛み」と「痒み」にそれぞれどの程度かかわっているかを表す。

図3−1　痒み物質と痛み物質

第二に、**痒点**（痒みを感じる感覚点）と痛点の分布がよく似ている点である。どちらも感覚点の下には細い神経線維（C線維とAδ線維）の終末が豊富に分布している。

第三に、それぞれの伝導路も共通している。痛み（ファーストペイン）の伝導路である脊髄の前外側索が障害されると、痛みとともに痒みも感じなくなる。たとえばハンセン病患者では、痛覚のある部位は痒みも感じるが、痛覚を失った部位では、同時に痒みも感じなくなる。

第四に、痛みに急性痛と慢性痛があるように、痒みにも即時型と遅延型がある。即時型はヒスタミンによる反応であり、遅延型はサイトカインによって引き起こされる、ぶり返し続ける痒みである（詳しくは107ページで述べる）。

このようにみてくると、痒みを「弱い痛みの感覚」と考えるのはもっともなことになる。しかし、痒みと痛みは異なる感覚だと考えたほうが正しいということが、ここ一〇年ほどの研究によって分かってきた。

痛みと痒みは別の感覚？

痛みと痒みは異なる感覚だと考えられる第一の根拠は、痒みが皮膚や粘膜の周囲でのみ生じるのに対して、痛みは内臓や筋肉など身体のほとんどの組織で生じる点である（脳や肝臓など重要な臓器での例外もある）。

一般に、痛みは身体への危険信号だと考えられている。そこで体のあらゆる部位で痛みを感じなければならない。これに対して痒みは、有害な刺激の存在を知らせるが、それを外に掻き出せる場合にのみ感じるようになっていると考えられる。もしも心臓や胃などの内臓でも痒みを感じたとしたら、その痒みを取り去ることができず、ひたすらもがき苦しむことになる。それでは意味がない。そこで、そのような部位では痛みとして感じるのだろう。

痛みと痒みは異なる感覚だと考えられる第二の根拠は、痒みを強くしていっても、痛みにはならないことが分かってきたからである。

このように、皮膚末梢で起きているメカニズム自体も、似ている点も多いが、異なる点もあるのである(詳しくは後述)。

痛みと痒みが別個の感覚だと考えられる第三の根拠は、それぞれの感覚の結果として起こる行動の違いである。痛みは、とっさにそこから逃れようとする逃避反射を起こすのに対して、痒みは引っ掻き行動を起こす。

一九九四年に、台湾のシェ・イェンジュンたちは、これらの感覚の違いを脳のレベルで明らかにした。彼らは被験者の右腕の皮膚に痒みを生じるヒスタミンを少量注射し、陽電子放射画像診断装置(PET)で活発に活動する脳部位を調べた。すると、この痒み刺激に対しては、痛みにも反応する前帯状回皮質が活性化することが分かった。この部位は感情に関わり、不快な場面で適切な行動を選択する警報装置として機能している。

しかし、それぞれの感覚によって起きる行動を司る運動野をみると、痛みと痒みでは逆の部位が活性化してくることが分かった。たとえば右腕に痛みを加えると、その痛みから逃れさせようと、右腕をコントロールする脳部位が活性化される。それに対して、同じく右腕に痒みを感じたときには、左手で掻くために、左手をコントロールする脳部位が活性化するのである。すなわち、痛みと痒みを感じる脳部位は同じだが、それぞれに対応する行動を司る脳部位は異なる。

痒みのゲート・コントロール説

痛みと痒みが別個の感覚だと考えられる第四の根拠は、痒みは痛みに抑えられる点である。経験的にも、痒みのある皮膚をたたいて軽い痛みを与えると、痒みは和らぐ。

その理由は、痒みを伝える神経と痛みを伝える神経は同じもので、痛みの下行抑制系によって、痒みも抑えられるのだと考えられている。

つまり痒いときに痛み刺激を与えると、その痛み情報が脳に伝わり、脳から抑制信号が発射されて脊髄を下行し、脊髄後角で痒みが上行するのを抑制するのである。

このとき、脳ではどんなことが起こっているのだろうか。

二〇〇六年に発表された望月らの研究では、痒みと同時に冷却刺激を与えると、脳の中心灰白質の活動が高まることが分かった。ここは痛みを抑制する信号を出すのと同じ部位である。この部位は、痒み刺激だけ、あるいは冷却刺激だけ与えても活発化しない。

つまり、痒みと同時に痛み刺激が脳に届くと、痒みを抑制するシステムがはたらくらしい。これは65ページで述べた痛みのゲート・コントロール説と同じメカニズムである。

いずれにしても、痒みは、掻かずに、しかも痒い部位とは異なるところに痛みを与えても収まる。たとえば心理学者の浜らは、大学生の左腕（手の平側）に、細かく刻んだヤマイモの汁を塗りつけて痒みを起こし、右手を冷水につけるとその痒みが和らぐかどうか、という実験をした。すると、主観的な痒みのレベルでも、皮膚の血流量で測定した痒みのレベルでも、痒みが和らぐことがわかった。

このように、痒いのと反対側の手足を冷やしても、痒みは和らぐ。搔いて患部を悪化させないためにも、お薦めの方法である。

3-2 痒みのメカニズム

中枢性の痒み

では、痒みはどのような生理的メカニズムで起こるのだろうか。

58ページで述べたように、痛みには皮膚で起こる体表痛と、筋肉で起こる深部痛、内臓で起こる内臓痛があった。これに対して痒みは、そのほとんどが皮膚で起こる**末梢性の痒み**だが、皮膚とは無関係に脳の中だけで感じる中枢性の痒みもある。

中枢性の痒みは、たとえば鎮痛剤のモルヒネを投与したときや、糖尿病で血液透析をしている患者、肝疾患のある患者などにみられる、全身性の痒みである。

モルヒネの場合は、脳にある痒み受容体に、モルヒネと類似した作用を有する**β-エンドルフィン**（**オピオイドペプチド**の一種）が結合することから、痒みを起こすことになる。また透析患者や肝疾患のある患者では、血中に**エンケファリン**というモルヒネ様ペプチドが増加しているといわれている。どちらも脳にある痒み受容体に結合することで痒みが起こる。

この種の痒みには、皮膚で産生される代表的な起痒物質である**ヒスタミン**に対する抗ヒスタミン剤が効かず、脳のオピオイドペプチドに対するオピオイド拮抗薬が効く。そうしたことから、これらの疾患に伴う痒みは、皮膚とは関係のない中枢性の痒みと考えられている。

末梢性の痒み

次に、皮膚表面で起こる痒みのメカニズムだが、大きく分けて、機械的刺激によるものと化学的刺激によるものの二つがある。

機械的刺激による痒みは、たとえば髪の毛の先端が軽く額に触れていて、そこが一時的にたまらなく痒い、というような痒みである。これは髪の毛が額の自由神経終末（痒点）を、直接、刺激しているために起こり、おそらくC線維ではなくAδ線維が担っていると考えられている。

それに対して化学的刺激による痒みは、前述のように、古くから痛みとほぼ同じメカニズムだ

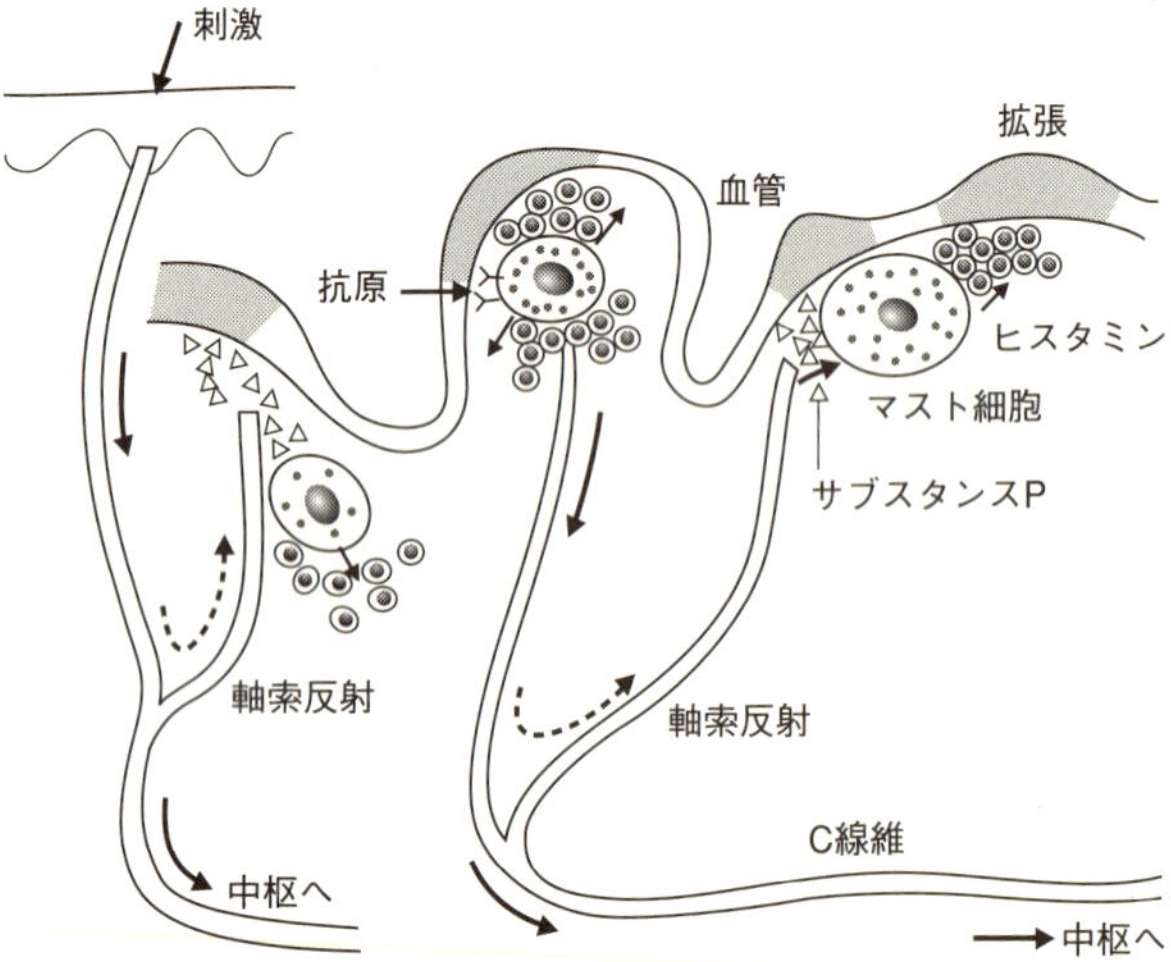

図3-2　痒みの軸索反射　宮地, 1997より

と考えられてきた。

たとえば、皮膚に痒みを起こす刺激が加わると、痒みを引き起こすヒスタミンやセロトニンなどがマスト細胞から分泌される。それらはC線維のヒスタミン受容器に結合して興奮させ、その情報が脊髄後角を経て大脳に伝わり、痒みを感じる（図3-2）。

やっかいなことは、その痒み情報が同じC線維や、脊髄後角から別のC線維の分枝へも下行して（**軸索反射**）、痒みの起こった周囲のC線維末端へと伝わることである。

するとそこからサブスタンスPやブラジキニンといった**神経ペプチド**が遊離される。これらの神経ペプチドは血管の拡張（皮膚発赤や血流増加）や、血管透過性を亢進させる。そのため血漿の漏出が起こり、膨疹ができる。これらによって生じた新たな神経ペプチドが、さらにマスト細胞を刺激し、そこからヒスタミンやサイトカインが放出されて痒みを強める。

サイトカインは免疫反応によって細胞から分泌されるタンパク質で、他の細胞に働きかけてさまざまな生理作用を引き起こさせる。ヒスタミンは痒みを伝える以外にも、皮膚に紅斑を形成させたり、浮腫を生じさせたりして、症状は拡大する。

痒みの伝導路

末梢から脳への伝導路は、痛みの経路と同じ脊髄視床路と考えられている。脳の痒みを感じる部位も、痛みを感じる脳部位とほとんど同じである。ただし、痛みは第一次体性感覚野と第二次体性感覚野で反応するが、痒みは後者では反応しない点と、視床でも反応しない点だけに違いがあるようだ。

第二次体性感覚野は、そこから隣接する「島」や大脳辺縁系へと信号が送られ、そこからさらに運動野や運動前野、前頭前野にも送られるため、第一次体性感覚野よりも高次の機能があるとされている。痛みは、前述のとおり、過去の痛みの経験の記憶や痛みの意味づけ、周囲の反応などさまざまな心理的判断からも大きく左右される。これは第二次体性感覚野から出る信号のはたらきによるのだろう。

それに対して痒みは、刺激に対する単純な反応として現れ感じられる。この差も脳の反応領域の違いの現れなのだろう。

以上のように、痒みと痛みは、皮膚でのメカニズム、伝導路、脳の反応部位のどれをとってもわずかな違いしかないが、そのわずかな違いこそが、両者の感覚の違いを生んでいるのだろう。

痒みを伝える神経

痒みを伝える神経は、痛みと同じくC線維だと述べたが、両者は異なるものだろうか。

痒みを伝える神経がC線維であることを発見したのは、アメリカの神経科学者**シェリー**と**アーサー**である。

彼らは、皮膚には痒みを感じる点（痒点）と感じない点があることを発見した。そして痒点の表皮の下にある線維を調べたところ、C線維だけの点と、細かく枝分かれしたAδ線維がC線維に混ざり合っている点とがあることを突き止めた。次に、痒点を電気刺激してみると、刺激の開始から痒みが現れるまでの時間差が長かったことから、痒みを伝えているのは伝達速度の遅い線維、すなわちC線維であると結論づけた。

それではC線維の中で、痒みと痛みはどのように区別されているのだろうか。この疑問は、長い間議論され、多くの科学者が、痛みとは異なるC線維の発見を目指して競うようになった。

そんな中、一九九七年、ドイツの生理学者シュメルツらは、機械的刺激にも熱刺激にも反応しないC線維の中に、ヒスタミンを投与してから反応が現れるまで二分弱もかかるが、いったん反応が始まると一〇分以上も反応し続けるものがあることを発見し、これを**痒み特異的C線維**と名づけた。

そしてこの線維は、ヒスタミンと結合する受容器を備えているため、痒みだけを感じるのだと発表した。ところがそのわずか六年後、自らの研究によって、そのC線維は痛みも伝えていることが明らかになってしまった。残念ながら、痒みだけを伝達するC線維は現在まで発見されてはいないのだ。

その一方で、痒みの伝導路である脊髄視床路の中に、痒みを特異的に伝達する神経線維が存在するのではないか、とも考えられるようになった。そうだとすれば痒みは、皮膚ではなく、脊髄レベルで作り出されている可能性もあるといえるが、その詳細は分かっていない。

掻けば掻くほど……

では、なぜ掻くと痒みが和らぐのだろう。現在では次の二つの説が有力である。

第一の説は、**側部抑制**といって、掻くことは痒いという不快な感覚に拮抗する刺激を与えることになる、というものだ。掻くことはすなわち痛みを与えることである。ヒトの体は、どちらか強いほうの感覚だけを感じるようになるために、痒みが感じられなくなるというわけだ。

もう一つの説は、前述した**ゲート・コントロール説**で説明されるメカニズムで、現在ではこちらが有力である。まだ証明されてはいないが、痒みと痛みを伝える神経は同じもので、その信号の出入りを司るゲートが脊髄後角にあることを想定した考え方だ。掻くときの痛みの信号が脳へと伝わると、痒みを伝えるほうのゲートが閉じられるという考えである。

ところが、掻くと痒みが和らぐ場合だけでなく、逆に掻けば掻くほどよけいに痒くなってしまうこともある。**痒み掻破サイクル** (itch-scratch cycle) とよばれる悪循環である。

通常は、掻くことで痛み刺激を与えるため痒みが和らぐのだが、**アトピー性皮膚炎**（以下、アトピー）患者のように、慢性的に痒みに悩まされている場合、掻くことは痛み刺激にはならず（詳細は後述）、それどころか、掻くことでさらにヒスタミンが分泌されて痒みを強くしてしまう。さらに、掻いて表皮を傷つけてしまうと、表皮のバリアー機能が失われて、わずかな刺激にも敏感になり、微生物などが入りやすくなってしまう。すると、表皮からサイトカインやサブスタンスPが分泌されるようになり、さらに皮膚の炎症が悪化し、痒みが増すのである。

また、皮膚が敏感な人では、掻くと知覚神経を刺激してしまう。痒みを伝えるC線維は、通常の皮膚では表皮と真皮の境界部までしか伸びてはいない。ところが皮膚を掻き続けていると、これらの神経線維が表皮の上層まで侵入してきてしまう。末梢の知覚・交感神経の生存、分化に重要な役割を果たしている**神経成長因子**（ＮＧＦ：nerve growth factor）が、表皮内への神経線維の成長を促しているからである。こうして、掻くことにより知覚神経線維をよけいに過敏にしてしまうのだ。

またアトピーの場合は、さらに脳レベルでの変化までも起こっていることもある。たとえば普通なら痛みと感じるような機械的刺激や熱、化学的刺激も、脳が痒みとして判断してしまうのだ。この現象は、アトピーの症状が出ている部分から少し離れたところでも生じている。そのためアトピーの患者は、日常経験するあらゆる刺激によって痒みが出てしまうのだ。

3-3 ストレスと痒み

痒みはなぜ不快なのか

痒みはなぜ不快なのか、という問題について考えてみたい。

まず、感覚そのものの性質である。強い痒みを掻かずに我慢し続けると、体が震えだすことさえある。身体にとってはそれほど不快な感覚なのである。そして、痒みが強いと他のことがまったく手につかないばかりか、何も考えることもできなくなってしまうことがある。たとえば勉強や仕事をしなければならないのに、痒みがあるとそれが収まるまではどうしても作業に集中できなくなる。そのための被害を予想すると、ますます不快さは増す。

だからこそ、すぐにでも掻いてしまうし、掻くのを我慢することもできないのだ。

しかし、掻くことによって一層の不快な状態になることもある。これはとくに痒みの激しい湿疹患者にみられる。まず、これから痒みが襲ってくるだろうと心配して不愉快になる。痒みが起こったら、自分は間違いなく掻かずにはいられなくなり、すると皮膚が傷つきじくじくと汁がでてくる。するとますます皮膚の状態が悪化してしまうだろう——という心配である。

つまり痒みは、感覚そのものと、その感覚によってもたらされる結果と、その結果に対する価値判断の三つのレベルで重層的に感じているため、きわめて不快なのである。

ちなみに、痒いところを掻いてもらうときの気持ちよさから、やってほしいことをきめ細かにやってくれる気持ちよさを**麻姑掻痒**《まこそうよう》という。中国に伝説上の麻姑という美女がいた。彼女の爪は長く、その手で痒いところを掻いてもらうと気持ちがいいことに由来する。実は「孫の手」は「麻姑の手」が語源なのだ。日本人には「痒いところに手が届く」というのがおなじみだろう。

反対に**隔靴掻痒**《かっかそうよう》といえば、靴の上から痒いところを掻く、の意から、思いどおりにいかなかったり、肝心なところに触れないといった、もどかしいことを意味する。

アトピーの痒み

痛みと同様に、痒みを感じる程度には心理的な要因が大きく関与している。まず皮膚に病気がある場合をみていこう。

痒みに心理的な要因が強く関与している代表的な病気は**アトピー**である。治りにくいアトピーの患者には、次のような特徴があるとされている。

まず、日常生活で自分の欲求や感情を抑えて周囲に適応しようとする人が多く、そのため、常にストレスを感じてしまう。ストレスが症状を悪化させ、よけいに痒みが強まるという悪循環に陥るわけである。

またアトピーが慢性化すると、社会生活をスムーズに送ることができず、さらに容貌に対する苦痛などから、抑うつ的になりやすい。そのようなストレスでさらに症状が悪化してしまう。

また、対人関係では怒りの感情をもちやすい割に、それをうまく発散することができないため、ストレスが内向して身体症状が出やすくなる（詳細は後述する）。とくに強く掻きむしってしまう患者には、そのような傾向が強い。

皮膚科医の加茂らが、一五歳以上のアトピーの患者を調査したところ、一〇〇名中八五名に、入院前一年間に、症状を悪化させるような心理社会的ストレスが認められた。それらは、結婚や転居といった非日常的なものよりも、むしろ日常的で慢性的なストレスが多かった。たとえば、職場の人間関係、多忙、失業、夫婦・家族間の不和、受験などの問題である。

このような慢性的な心理的ストレスが、生理的症状としてのアトピーの痒みを誘発するようである。

ストレスと痒みの程度

ストレスと感じる程度は「刺激が脅威と感じるか否か」、「その脅威に対処できると思うか否か」という二段階の判断によって決まる。あるできごとが自分にとって脅威であり、なおかつそれに対処できないと感じた瞬間から、身体に反応が現れる。つまりストレスによる痒みは一種の心身症なのである。

アトピー患者の場合も、人間関係や容貌に対する不満や不安は、自分にとってそれが脅威であり対処できないと感じるからこそ、それがストレスとなり痒みを強めているのだろう。

この点について、ドイツの免疫学者シュミットは、アトピー患者、乾癬《かんせん》患者、健常者を対象にストレスを与え、その前後で血液中の免疫機能を測定した。ストレスとは、人前でスピーチを五分間してもらい、その後一〇二二から一三ずつ引き算していく課題を五分間行うというものだった。その結果、アトピー患者は、健常者よりもストレスをより脅威に感じ、免疫機能が乱されることが分かった。

アトピー患者に限らず、嫌いな勉強や人間関係の不和など、イヤなことやイライラすることがあるときに、痒みに襲われた経験をもつ人は少なくないだろう。一生懸命勉強したり考え事をしたりしているとき、頭が痒くなったことはないだろうか。医学者の久保の調査では、看護学生は、国家試験前日にはその一ヵ月前と比べて、血中のヒスタミン（代表的な起痒物質）の濃度が上昇していることが分かった。また、ネコの視床下部に電気刺激を与えて怒りや恐怖を喚起させると、同じくヒスタミンの濃度が上昇することも分かった。

さらに、ストレスに対する対処能力の低い人ほど、痒みも強いという報告もある。

このように、ストレスは痒みを悪化させる大きな原因である。しかし、ではストレスがなぜ痒みを起こすのか、というのは非常にむずかしい問題である。単にストレスに対する身体反応に過ぎないとみなすこともできるが、何かもっと深い隠された関係があるように思えてならない。そのことは、この章の最後で触れることにしよう。

掻き癖

日常的にストレスを受け、それに対して常に掻くことで対処していると、徐々にこの行動が条件付けられてしまう。たとえばアトピーなどで慢性的な痒みに悩まされている人は、痒みがないときでも掻き続けてしまう。

皮膚科医の**小林**は、このような患者の日記から、掻く理由を調べてみた。すると「気が紛れる」「気持ちの切り替えがつく」「掻くほど気持ちよいことはない」「陶酔感がある」「ほっとするから」、という記載が数多くみられた。

これらは痒みそのものの解消を目的とするものではない。痒みがないのに掻き続けてしまうのは、ストレスからの一種の逃避行動であり、自傷行為とも考えられる。たとえば、皮膚をナイフなどで傷つける**リストカット症候群**の患者にも、このようなことを言う人が多い。

つまりストレスや不快なできごとがあると、痒くはなくても、掻くことで気が紛れ安心する。これを繰り返す結果、掻くことに依存するようになり、ついには掻くことでしかストレスを解消できない状態に陥ってしまうのである。

一方、生理学では、掻く行為は脊髄レベルでコントロールされている反射で、脳からの指令を必要としない、と考えられている。それは脊髄と脳を結ぶ神経を切断された動物でも、掻く反射行動があることからも分かる。私たちも、痒みが強いときには、これ以上掻いたら皮膚を傷つけてしまうと分かっていても、なかなか止められず、無意識のうちに掻いてしまうこともある。寝ているときでさえ痒いところを掻いているのだから、意識とは別のシステムでもコントロールされていることが納得できるだろう。

ただし、その強さや、どのように掻くかは、原始的な脊髄反射だけでは調整できず、脳での制御が加わる必要があるようである。

掻き癖を生むストレス

それでは、アトピーや蕁麻疹、**掻痒症**（原因となる皮膚症状が認められないのに皮膚が痒い病気）のような、慢性的な痒みに悩まされている人は、どのようなストレスを抱え込んでいるのだろうか。

皮膚科医の岩崎が三〇名の掻痒症患者に心理テストをしたところ、抑うつやヒステリー、心気症といった神経症の傾向が強いことがわかった。他の研究からも、痒みを生じさせる心理的要因として、不安や怒り、抑うつなどが知られている。

彼らは何に対して不安や怒りを感じているのだろうか。

一九三五年のことだが、アメリカの皮膚科医、ウィットコクアーとラッセルは、無作為に選んだ三五名の蕁麻疹の患者に面接した。すると、実に三分の二の患者が「子どもの頃、親から愛情をそそいでもらえなかった」と話し、「愛情に飢えている」ことを強調していた。

このことからウィットコクアーらは、彼らは、親を非難したいのだが、それが叶わないため、代わりに自分自身を攻撃するために、湿疹を掻きむしるのだ、と考えた。さらに、このような患者は、湿疹のある部位を他人に見せることで、自分に注目してほしいという無意識の欲望があるという。その一方で、そのような欲望をもつことに対して罪の意識も感じている。彼らの性格は、不安と恐れに満ちており、自信がほとんどないとさえ述べている。

その根拠として、彼らは次のように述べている。

湿疹は何らかのストレスが加わると、感情のように、突然皮膚の表面に現れる。このように突然赤みをもって腫れあがるのは、怒りや攻撃などの爆発を示すものである。この病気の患者にとっては、皮膚が唯一の感情表出の手段である。腫れた部位は非常に強い痒みをともなうため、患者は強迫的に掻く。掻くことは怒りなどの感情を取り除こうとする現れである。感情の高まりが消えてリラックスすると症状も消失する、と。

これに関して、精神分析学の立場から皮膚を論じたフランスの精神分析医アンジュは、皮膚にはその人の抑圧してきた感情の歴史が現れると述べている。皮膚の湿疹である蕁麻疹も、抑圧されてきた感情の歴史を物語っている、というわけである。

岩崎やウィットコクアーらの研究からも、慢性的な皮膚の痒みに悩まされる病気には、その人の感情の歴史も関与していることは間違いないようだ。

ただし厳密にいえば、慢性的な執拗な痒みのために怒りや不安が高まり、その結果として神経症になるという因果論もありうる。痒みと神経症の絡みは単純ではなく、その点はまだ解明されていない。

痒みの心理的意味

不安や怒り、困惑といった不快な感情に襲われたとき、無意識のうちに頭を掻くことがある。チンパンジーの研究でも、たとえばエサを取ろうとして何者かに妨害されたときなどに、皮膚を掻くという。これは、妨害する相手を攻撃したいのだが、その欲求が何らかの理由で抑圧されて自分に向かうのではないだろうか。

人の場合も、不快な感情エネルギーが高まり、それを外に向かって発散する必要があっても、社会生活を円滑に営む必要性から、それができないときがある。たとえば、漫画でもよく見かけるが、困惑を表すとき、頭をポリポリと掻くしぐさをする。特に頭が痒いわけではなく、無意識にそうすることで、ストレスを緩和しているのだろう。人は掻くことで、ストレスや困惑といったエネルギーの高まりの原因を、象徴的に体外に掻き出そうとしているのかもしれない。

その傍証として、前述のように、アトピーで痒みを訴える子どもは、親からの愛情が不足しており、子どもは愛情への飢餓感を持っている、といわれている。このような子どもたちは、その欲求不満を抑圧している結果が、皮膚症状として現れているのかもしれない。実際に医師の今井は、アトピーの子どもに**抱っこ療法**と称して、母親に子どもをできるだけ抱っこして、「きっとよくなるわよ」、「痒くなくなるわよ」などと語りかけてあげるよう指導して、効果をあげている。

もちろん、アトピーの原因にはさまざまなものがあり、愛情の飢餓感が原因だ、というわけではない。アトピーの子どもをもつ親の多くは、子どもが皮膚を掻きむしって皮膚の症状が悪化するのをみると、心身の疲労感を感じるようだ。このことが、子どもに対する拒否感を生む。すると子どもは、親の関心や愛情を求めて、さらに掻きむしる。これは**心理的搔破**とよばれる。だから愛情のあるスキンシップは、痒みを抑えるのに一役買っていることは間違いない。

3-4 「痒み」の進化論

警告信号としての痒み

なぜ人には、痛みという警告信号だけでなく、わざわざ痒みという別の不快な感覚が備わっているのだろうか。すべてを痛みで代用できなかったのだろうか。

たとえば、もし蚊に刺されたときに痛みを感じるようにヒトが進化したとしたらどうだろう。

たしかに、刺された瞬間の痛みで、すぐに刺されたことがわかり、ピシャッとやることができる。しかしもしそうだとしたら、ヒトはおそらく生きてはいけなくなってしまったに違いない。蚊の針ほどの小さな刺激で痛がっていたら、他のどんな刺激でも痛くて仕方ないはずだ。たとえば衣服と皮膚がこすれて痛み、歩くと足の裏と地面との接触が痛くて歩けなくなるかもしれない。そこで痛みを伝える神経線維の一部を変化（進化）させて、そのような軽い刺激を別の「痒み」という感覚で伝えるようになったのかもしれない。

余談だが、昔、研究室の仲間と「蚊はなぜ人を刺したあと、痒みを残すように進化したのか。もし痒みを残さなければ、血液の数滴くらいは惜しくもないのに。これは蚊の進化上の失敗ではないか」と議論したことがある。結局、そのときは蚊の進化の誤りということで決着がついたのだが、今は話が逆ではないかと思っている。蚊ではなく人間のほうが、蚊の唾液を不快に感じるように進化してきたのではないか。

蚊が人を刺すときには、血液が凝固しないように唾液を注入する。蚊に刺されると痒くなるのは、その唾液に含まれるある種の酵素が抗原となって、アレルギー反応を起こすからだ。

だが、実際に蚊の唾液中には、ただちに皮膚反応を起こすほどのヒスタミンは含まれていない。だから蚊に刺された経験の少ない乳幼児は、刺されても痒くならない。また大人でも、異なる大陸の蚊に刺されても、すぐには痒くならない。まだ抗体をもっていないからだ。ところが繰り返し同じ種類の蚊に刺されていると、やがてその蚊の唾液（抗原）に対する抗体が増えてくる。するとアレルギー反応を起こすようになり、痒くなってくるのである。

蚊がヒスタミンを多量に人間の体内に注入して、痒みを引き起こしているわけではない。人間の方が勝手に抗体を作って痒がっているのである。

痒みは進化の名残？

一方で、痒み自体には何の意味もないと考えることもできる。つまり痒みという感覚は、進化の過程のどこかで、必要に迫られ現れたが、必要がなくなった現在でもそのまま残っているにすぎない、という考え方もできる。それは、痛みと痒みとでは、それぞれの感覚が生じたときにとる行動に大きな違いがあるからだ。

痛みの場合、傷口がなにかに触れたりすると痛むため、痛まないように安静にしたり、手を当てたりして、傷を治すような行動をとる。一方、痒みの場合は引っ掻くが、これは皮膚を傷つけたり、爪からの細菌で化膿させたり、むしろ患部を悪化させる行為である。傷口をふさいでくれるかさぶたの周りが痒くて、引っ掻いてしまい、傷の治りを遅らせてしまった経験は誰にもあるだろう。治りかけの傷が痒いのは、血液を凝固させるときに分泌されるブラジキニンという物質が、マスト細胞を刺激し、ヒスタミンを産生しているからである。

それではなぜ、掻くという患部を悪化させる行為をとらせてしまう感覚があるのだろうか。進化の上で、どんな意味があるのか。

ミミズや昆虫が痒そうにしているのを見たことがないが、魚や両生類以上の動物は痒がるようである。その機能は、皮膚についたノミや蚊、寄生虫などの存在を知らせ、引っ掻いていち早く取り去ることにあったのだろう。しかし、感染症を克服しつつある現代人には、皮膚の寄生虫の存在を知る必要はほとんどなくなってしまった。目的を失ったからといって、いったん生み出されてしまった感覚は、簡単にはなくすことはできない。

そうだとすると痒みは、現代に生きる私たちにとってはあまり意味のない、単なるやっかいな感覚だと考えることもできる。

痒みは文明への警鐘?

前述のように、痒みはなんの意味もなく、単なる進化の名残だと切り捨てることもできるが、ここではもう少し積極的に解釈してみよう。医師の宮地によれば、現代の社会では痒みに悩む人が増えているという。なぜだろうか。

現代の日本人は総じて清潔志向だ。たとえば、毎日シャンプーしてサラサラ髪でないといけないという強迫観念さえもっている。肩襟に白いフケなど落ちていようものなら、不潔な人だと後ろ指を指されてしまう。ところが皮肉にも、こうした清潔志向の結果として、痒みが蔓延しているようだ。

さらにこのような現象は人間に限らない。今やペットもシャンプーなど当たり前である。しかしそれにもかかわらず、ある獣医師の話では、最近はペットの痒みが止まらないと訴える飼い主が多いらしい。人間と同じようにアレルギーやアトピーが増えているそうだ。

頭皮の痒みだけでなく、アトピーの痒み、花粉症にともなう目や喉の痒みなど、かつてはみられなかった痒みである。これらの痒みは現代文明と切っても切れないものであることがわかる。さらに最近増えている、明らかな皮膚症状がないのに痒いという掻痒症も、シャンプーや液体石鹸のような化学物質や、過度の空調による乾燥、刺激の強い食物など現代人が好む人工物がその原因となっているようである。

さらに、ストレス社会の中で、対人関係の軋轢《あつれき》にもまれ、感情を抑圧しながら生きざるをえない人が増えていることも、その一因かもしれない。

このような痒みは、皮膚の表面、つまり自己と外部の接点で生じる現代病ともいえる。そう考えてみると、人工物に囲まれ自然から隔離された現代社会に、「自然の一部としての身体」がもはや耐えられず、それが痒みという警告を発しているように思えてならない。

第4章

くすぐったい！

4-1 くすぐったさの正体

くすぐったさの五条件

誰でもくすぐり遊びをしたことがあるだろう。とくに子どもはくすぐり遊びが大好きだ。大人でも、親密な恋人同士がくすぐり遊びをすることもある。日本語には「自尊心をくすぐられる」とか「歯が浮くようなセリフ」「褒められてこそばゆい」というような表現がある。英語でも同じで、tickle somebody fancy といえば「人の気持ちをくすぐる」ことである。このように、くすぐりは心理的なくすぐったさも表現している。

くすぐったさはごくありふれた感覚だが、実際には多くの謎が残されており、さまざまな感覚の中でも、もっともミステリーに富む。

くすぐったさについては、古くから多くの賢人たちが論じてきた。たとえば**アリストテレス**は、なぜ自分で自分をくすぐってもくすぐったくないか、そしてくすぐったいとき人はなぜ笑うのか考察している。さらに哲学者のベーコン、精神分析のフロイトもくすぐったさについて多くの考えを残している。

くすぐったさについて、最初に科学のメスを入れたのは進化論のダーウィンである。彼は一八七二年に出版した『人及び動物の表情について』（浜中浜太郎訳　岩波文庫）という大著の中で、人がくすぐったくて笑うためには次の五つの条件が必要だと考えた。

①　軽いタッチであること
②　自分ではなく他人がくすぐること
③　くすぐる人と親密な関係にあること
④　普段、あまり人に触られることのない部位をくすぐられること
⑤　明るい雰囲気であること

ただし、彼は厳密に科学的な方法でこれら五つの条件を発見したわけではない。独特の鋭い観察眼から得られた着想である。そのため今日の科学的な観点から改めて検討してみると、必ずしも正しくないものもある。しかし、くすぐったさというユニークな感覚に着目し、それを詳細に解き明かしていったのは、ダーウィンの偉大な功績といえる。

ダーウィンがあげた五つの条件について、より詳しくみていこう。

軽いタッチであること

これは科学的な知見からみても正しい。たしかに皮膚への軽い刺激でくすぐったさは生じる。しかしそれがくすぐったさのすべてではない。じつは人間が感じるくすぐったさには二種類あり、それぞれ異なる刺激によって生じることが分かっている。

一つは**クニスメシス**（knismesis）という感覚である。これはアメリカの心理学者のホールとアラインによる一八九七年の造語で、適切な日本語訳がないので、ここでは**軽いくすぐったさ**と訳しておこう。ダーウィンが指摘したのはおそらくこの感覚だろう。

これは軽い刺激によってうまれるくすぐったさで、たとえば小さな虫が皮膚の上をはったり、羽毛で皮膚の表面に軽く触れて動かすときに感じる感覚である。動く痒みともいわれ、動く刺激によって引き起こされる、痒みに似た感覚である。これは触覚に痒みの感覚がブレンドされてできる、という説もある。くすぐったいとはいっても、この刺激で笑うことはめったにないが、人からこの刺激を与えられれば、笑いは起こる。

「軽いくすぐったさ」の特徴は、第一に掻くことで消える点である。それが「痒みに似た感覚」といわれる所以である。この感覚を感じたとき、刺激から逃れようと手を引っ込めたり、刺激を取り去ろうとする逃避反応を示す点も痒みと似ている。第二の特徴は、自分で刺激してもほとんど同じくすぐったさを感じる点だ。次に述べる「重いくすぐったさ」はこれと異なり、自分で刺激したとすると、くすぐったさを感じない。そして第三の特徴が、濃淡はあっても、全身の皮膚でほぼ同じように感じることである。

重いくすぐったさ

もうひとつは、身体の特定部位に圧をかけたときに感じるくすぐったさである。ダーウィンが見落としたのは、こちらの感覚である。これは**ガーガレシス**（gargalesis）といわれ、ギリシャ語のガーガリスモ（gargalismos：くすぐりの意）からの造語だが、やはり適当な日本語訳がないので、ここでは**重いくすぐったさ**としておく。

たとえば指を、肋骨に押しつけながら動かしたり、腋の下に入れて動かすことで、この「重いくすぐったさ」が生まれる。これはむしろ痛みに近い感覚でもある。この感覚は触覚に痛みがブレンドされて生まれると主張する人もいる。

「重いくすぐったさ」は、「軽いくすぐったさ」とは異なり、腋の下など特定の身体部位でしか感じない。そして、くすぐられた人は身をよじったり、身悶えしたりしてとても不快に感じるのだが、そのくせ微笑や笑いを伴う。激しくくすぐると、息も絶え絶えにさえなってしまう。

中世には拷問として徹底的にくすぐって死に至らしめたり、足の裏をヤギに延々と舐めさせることもあったという（図4−1）。くすぐったさで本当に死に至ることがあるのかは定かではないが、長時間くすぐられ続けるのは、失神するぐらい辛いことには違いない。

ただし本書では、特別に言及しない限り「軽いくすぐったさ」と「重いくすぐったさ」を区別

傭兵が農場を襲い、農夫を拷問している。下では縛り付けた農夫の足に塩を塗り、ヤギにそれを舐めさせている。この農夫は笑い死にするかもしれない……。

図4−1　くすぐりの刑

17世紀ドイツ、グリメルスハウゼンの『阿呆物語』の挿絵

せずに用いる。それは、これまでのほとんどの研究で、それらは区別せずに扱われているためである。

他人がくすぐること

さらに、くすぐったさの特徴は、他人からくすぐられる必要があることである。これについては、古くはアリストテレスが論じている。

彼は、自分で自分をくすぐってもくすぐったくないのは、自分でくすぐっているのを知っているからであり、他人がくすぐると一層くすぐったく感じるのは、くすぐるのを予期できないからだ、としている。

現在の科学的な知見から見ても、これはかなり核心を突いている。

物理的にはまったく同じ刺激を与えているにもかかわらず、自分でくすぐってみると意外なほどくすぐったくはない。自分でくすぐってみて笑い声をあげる人はほとんどいない。

その理由は脳のはたらきにある。人にくすぐられるときは、くすぐられた部位の触覚や圧覚などの刺激情報が脳の体性感覚野に達し、くすぐったさを感じる。ところが自分で自分をくすぐるときは、小脳からは自分の指を動かす指令が出ると同時に、体性感覚野へ感覚を抑制する命令がいく。これを遠心コピー（40ページ参照）という。

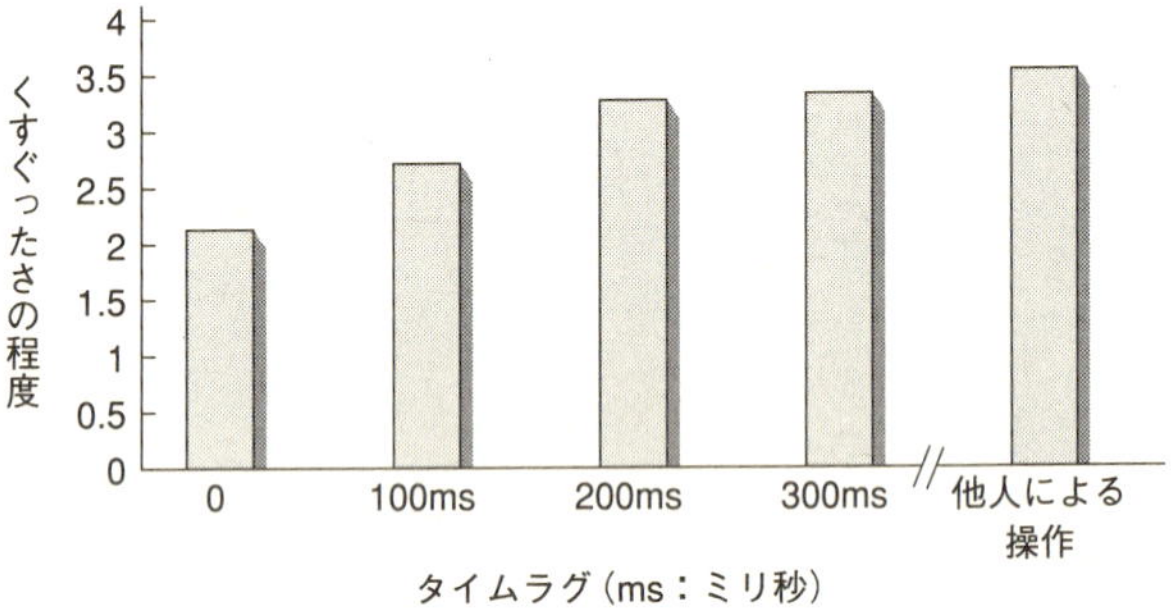

自分でくすぐるが、動作と実際のくすぐりにタイムラグが生じる装置でくすぐる場合の、タイムラグとくすぐったさの程度。

図4−2　タイミングのズレとくすぐったさ　Blakemore, 2000に基づく

なぜ抑制する必要があるのか。それは、くすぐったさは、もともと虫や寄生虫など外からの刺激を感じるためのもの（詳しくは152ページで述べる）であるため、自らが生み出す刺激とは区別する必要があるのではないだろうか。

イギリスの神経科学者ブレイクモアは、巧妙な実験装置を作って、遠心コピーが働いていることを証明した。この装置のレバーを被験者が左手で動かすと、振動する泡状の物体が自分の右手の平に触れながら動く、という仕掛けになっている。この機械は、左手を動かしてから右手が刺激されるまでの時間差をコントロールすることができる。実験ではそのタイムラグを、ゼロ秒（同時）、一〇分の一秒、一〇分の二秒、一〇分の三秒……と遅らせてみた。さらに、他人がレバーを操作する条件も加えた。

すると、図4−2に示すように、刺激されるまでのタ

イムラグが大きいほど、被験者の主観的なくすぐったさが増すことがわかった。さらに、このときの脳の活動をｆＭＲＩで測定してみると、他人がレバーを動かすとき、体性感覚野や前帯状回皮質の活動が最高になり、タイムラグが小さいほどそれらの活動も低下していた。そして逆に、タイムラグが小さいほど活動が高まったのは小脳だった。小脳は運動をコントロールする部位である。このことから、小脳から感覚野に向けて抑制信号が発せられるのではないか、というわけである。

他人からくすぐられる場合は、いつ、どのような刺激がくるか予測ができず、いわば不意打ちでくすぐられるために、遠心コピーができない。そのため、くすぐったく感じるのだろう。

くすぐる人と親密なこと

ダーウィンは、くすぐりが成立するための第三条件として、親密な関係にある者同士であることをあげている。小さい子どもが見知らぬ人からくすぐられたら、恐怖で泣き出すだろうとも述べている。

日常生活を振り返っても、この考えは正しいと思われるだろう。しかし、それは必ずしも正しいわけではないことが最新の研究で分かってきた。

アメリカの心理学者**ハリス**らは、人がくすぐるときとロボットがくすぐるときとでは、くすぐったさが違うかを実験的に確かめてみた。

目隠しされた被験者は、くすぐりロボットと実験のアシスタントから、各一回、足の裏をくすぐられると説明される。ただし実際には、二回ともアシスタントがくすぐる。つまりアシスタン

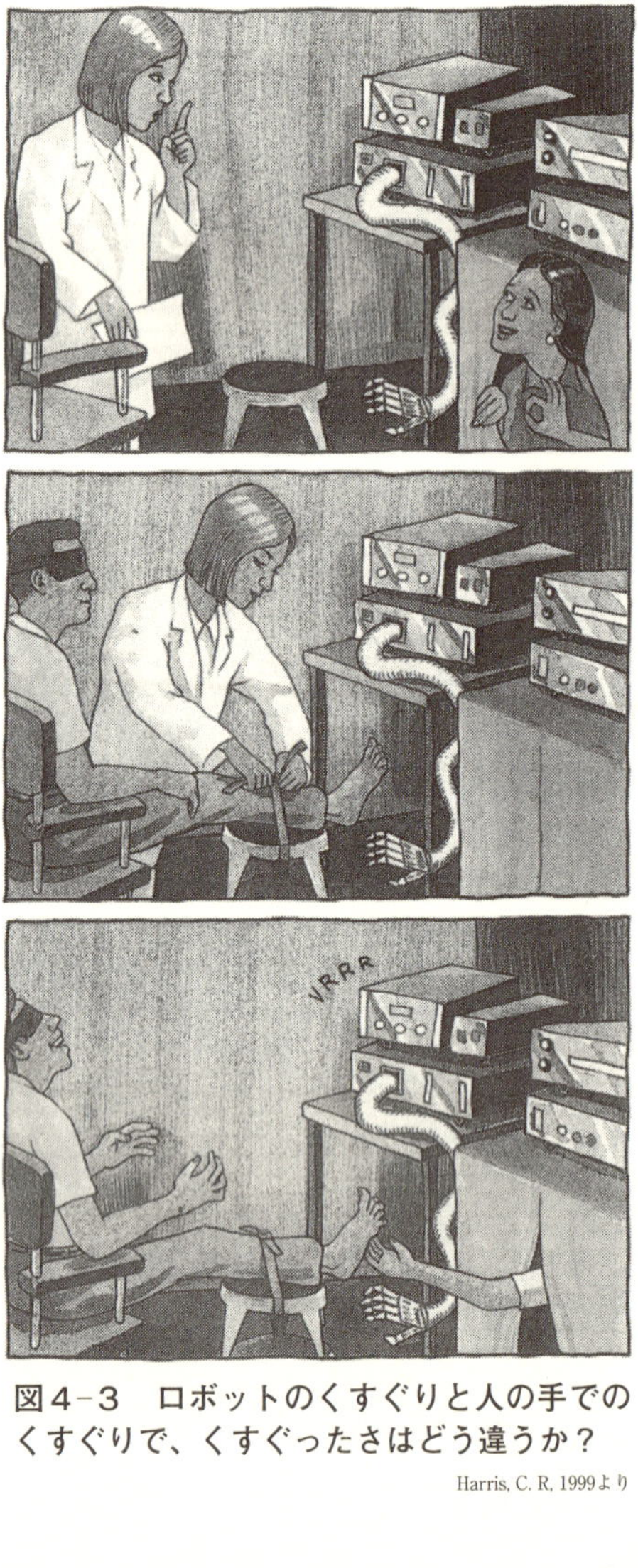

図4-3　ロボットのくすぐりと人の手でのくすぐりで、くすぐったさはどう違うか？

Harris, C. R, 1999より

トがまったく同じくすぐり方をしても、被験者はそのうち一回は、くすぐりロボットがくすぐっているると思い込んでいるわけである（図4-3）。

やってみると、ほとんどの被験者は、二回とも同じようにくすぐったさを感じて笑った。すなわち、ロボットにくすぐられていると思っているときでさえ、くすぐったさを感じていたわけである。

この実験から、親密さとは関わりなく、物理的な刺激だけでも十分にくすぐったさを感じることが分かる。

くすぐられて笑うラット

それでは、くすぐったさは親密な人間関係とまったく無関係かというと、そうではない。物理的な刺激によるくすぐったさを抑制するのも促進するのも、やはり人間関係によると考えられる。ハリスらのくすぐりロボットは、いかにも無害でユーモラスな手をしているので、親近感があり、安心してくすぐられたのだろう。

アメリカの神経科学者**パンセップ**たちは、このことを証明するユニークな実験をしている。ラットは、じゃれあったり交尾したりするような快感情をもつと思われるとき、五〇kHzの周波数の鳴き声を発する。人の手でくすぐられたラットも、同じ周波数の声を発することがある。そのためラットにとってのこの鳴き声は、人間の笑い声に相当するものだと考えられている。

パンセップたちは、生後五〇日目のラットを六匹ずつ二つの条件下に置いた。一方は、他のラットから離され一匹だけに、もう一方は仲間といっしょにした。それぞれの条件の飼育箱に入れた直後と、二四時間後の二回、人の手でくすぐってみた。くすぐったといっても、ラットの背中や首、腹を指で軽くさすったわけだが、もちろん、ラットが本当に「くすぐったがった」かどうかは分からない。

すると、隔離されたラットは五〇kHzの鳴き声を出したが、仲間といっしょのラットはまったく鳴かなかった。

次に、条件を入れ替え、同じことを繰り返した。すると、やはり一匹ずつ隔離されたラットだけが、くすぐられると五〇kHzで鳴いた。「笑い声」を発するということは、ラットにとってくすぐられることが快の刺激だということである。とくに隔離されて寂しいラットほど、その刺激が嬉しかったに違いない。

他人に触れられることのない部位をくすぐられること

次に、くすぐったい部位とくすぐったくない部位がある理由について考えてみる。

アメリカの心理学者ハリスは、被験者のさまざまな身体部位をくすぐったときの、被験者のくすぐったさを測定したところ、もっともくすぐったさを感じたのは、順に、腋の下、腰、肋骨、足の裏、膝、喉だった（図4−4）。たしかに、あまり他人に触られることのない部位である。ダーウィンの第四条件は正しいといえるだろう。

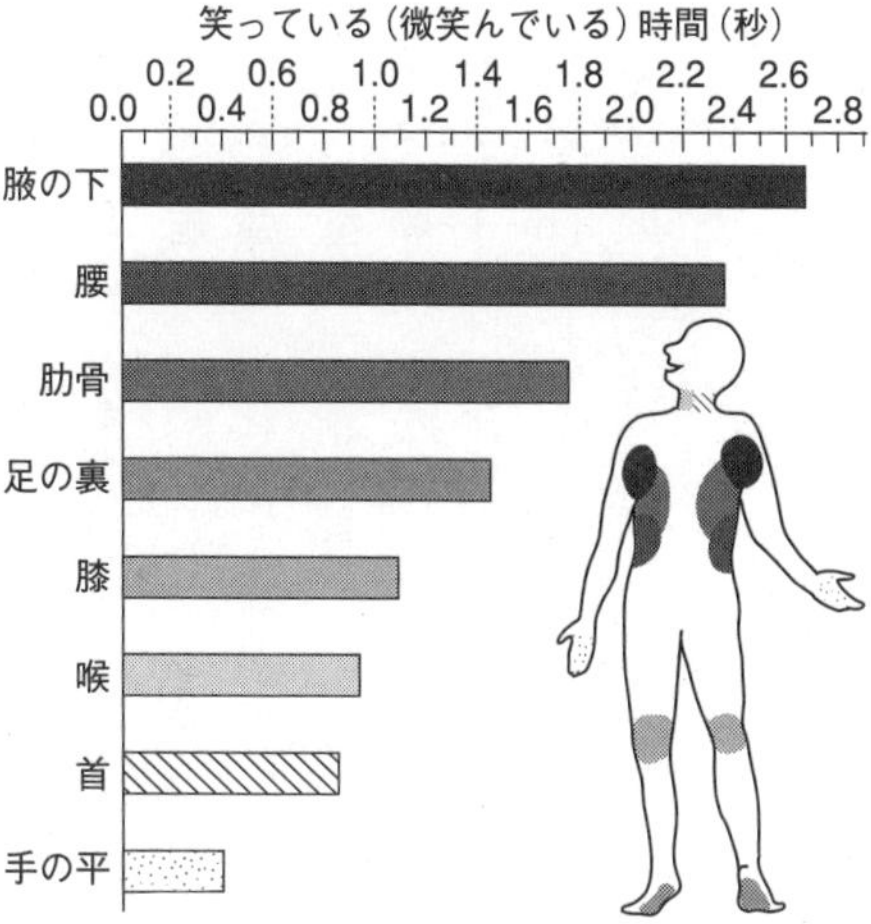

図4−4　くすぐったい部位　Harris, 1999に基づく

しかし、これらの部位でくすぐったいのは、本当に他人に触れられることが少ないのが理由なのだろうか。

他にも二つの説がある。

一つは、くすぐったさを感じるのは、触覚の敏感な部位だという説だ。しかし生理学的には触覚の敏感な部位とくすぐったい部位は一致しない。たとえば二点弁別閾は足の裏よりも手の平のほうが小さい（24ページ図1−4参照）。それにもかかわらず、手の平はあまりくすぐったくない。単に敏感だからくすぐったさを感じるわけではなさそうだ。

もう一つは、一世紀も昔にイギリスのロビンソンが提唱した説である。

彼によると、くすぐったい部位は身体の弱い部位だという。それがどこかというと、動脈が浅いところを走っている部位である。

血流が強く、破れる危険性が高い動脈は、ほとんどの部位では静脈の内側にある。しかし耳の周辺（とくに耳の前の部分）、首筋、腋の下、手の甲、股間、膝の裏、足の甲の七ヵ所では、動脈が皮膚のすぐ下を通っている。これらの部位では外からの刺激を敏感に感じ取り、即座に対応できるように自律神経が集中している。

これらは確かにくすぐったい部位と一致しているものもあるが、そうではない部位もある。たとえば足の裏は弱い部位ではないが、くすぐったさは非常に強い。生理学からの回答だけでは不十分なのだ。

コミュニケーションとしての感覚

それでは、足の裏で強くくすぐったさを感じるのはなぜなのか。やはり足の裏があまり人に触れられることのない部位だからだろうか。

しかしよく考えてみると、私たちは赤ん坊の頃から両親によく足の裏をくすぐられてきた。それでも馴れてくすぐったさを感じなくなるわけではない。著者の経験でも、二歳の娘に毎日のようにこれらの部位をくすぐって遊んでやっているが、反応が鈍くなるようなことはない。

他の子どもも調査してみたが、くすぐり遊びをよくしている家庭の子どもほど、くすぐられたときに手足をバタバタと動かしたり、よく笑うというように、とても敏感に反応するという結果だった。

腋の下や足の裏は、たしかに人から触れられることはほとんどない。しかし、そこの感覚が特に敏感になっているという生理学的な根拠はない。また、たとえば乾布摩擦のように腋の下や足の裏を毎日刺激して鍛えたら、くすぐったさが減るだろうか。多分そういうことはないだろう。

著者は次のように考えている。

腋の下や足の裏は、人から触れられることが少ないため、その部位を触れられることは、心理的に奇異な体験である。だからこそ、特別な関係にある人にしかそのような部位を触らせない。逆に、そのような部位を触れられることは、特別な意味のある体験になるのだと思われる。特別な人による特別な体験だという心理的な判断によって、くすぐったく感じるのではないだろうか。

すなわち、くすぐったさはコミュニケーションとしての感覚であり、心理的な要素が非常に大きいのである。

明るい雰囲気であること

ダーウィンは前出の『人及び動物の表情について』で、ユーモアや面白い話を聞いて笑うのは、単なる反射ではなく、快適な心理状態になるからだと述べた。そして、くすぐられて笑うときも、同じように明るく快適な心理状態であることが必要だと考えていた。

一方、ダーウィンより二〇〇年以上も前のイギリスの哲学者で、近代科学の始祖ともいわれるフランシス・ベーコンは、人は、たとえ落ち込んでいるときでさえ、くすぐられたら笑いをこらえられないだろう、と主張した。

どちらが正しいだろうか。

一九九七年にアメリカの心理学者**ハリス**らが、この問題に取り組んだ。

普通、人が冗談やユーモアを聞いて笑うときは、快適な心理状態になっている。その証拠に、あらかじめ面白い冗談を聞いて笑い、快適な心理状態になっている人は、そうでない人よりもよく笑うことがわかっている。お笑い番組でも、一流のコメディアンは番組の最後に登場し、観客を大笑いさせて終わるのだそうだ。これを笑いのウォーミングアップ効果という。

もし、くすぐったくて笑うときにもこのウォーミングアップ効果があるとすれば、あらかじめ面白いビデオを観た後でくすぐられたほうが、そうでない場合よりもよく笑うということになるだろう。

ところが実際にやってみると結果は違った。あらかじめ面白いビデオを観せて、笑ったり微笑んだりしていることが確認された被験者も、ビデオを観せなかった被験者も、くすぐられたときの笑い方に差はなかったのだ。

このことから、くすぐったくて笑うのと冗談で笑うのとは、基本的に異なる現象だということが分かった。

心＋体の反応

この実験結果から考えると、くすぐったくて笑うのは、体が示す反射で、「心」は必要ないとさえいえるだろう。本当にそうだろうか。

そのことを考えるために、くすぐられた人の行動をみてみよう。

人は、くすぐられると笑いが起こると同時に、身をよじったり足をバタバタさせたりして、その刺激から逃れようとする。これは誰にでも起こる行動であるため、一見すると反射のようにもみえる。しかしこのような逃避行動は単純な反射ではない。

なぜなら、実際には皮膚に触れず、くすぐる真似をするだけで身悶えするような敏感な人もいる。それは遊びを通して、楽しい気分が高まっているからである。このように、そのときのムードや気分によっても、くすぐったさは大きく左右される。さらには、くすぐったさに耐えることもできる。このような理由から、くすぐったさの反応は単なる反射では決してないことがわかる。

本来もっている反射としての行動に、心理的な要素も大きく関与しているのがくすぐったさの特徴だといえる。

こうして見てくると、ダーウィンの仮説は、現代の科学に照らして、必ずしも正しいものばかりではなかったが、当時にしてはかなり的を射たものであることが分かる。

4-2 くすぐったさと心

くすぐったさの生理学

くすぐったさは誰でも経験する感覚だが、その仕組みにはまだ謎が多い。

くすぐったさは、痛みや痒みがあると感じなくなるといわれており、これらとは異なる感覚なのは確かだが、くすぐったさを感じる特異的な皮膚の受容器はまだみつかっていない。今のところ、触覚や圧覚、痛覚などがブレンドされて生まれる感覚だと考えられている。

一九三九年に、スウェーデンの神経科学者ゾッターマンは、ネコの毛を剃り、その肌を羊毛で軽く撫でたときの神経線維の活動を記録した。すると、このときの感覚を伝えるのは痛みを伝える神経（C線維）であることが分かった。ヒトでも、耐えられない痛みを鎮めるために痛みを伝える神経を切除された患者は、足の裏を羊毛で撫でられたときのくすぐったさが減ったという報告もある。

このようなくすぐり方は、128ページの二分類では「軽いくすぐったさ」である。こちらは、痛みの伝達と同じく、旧脊髄視床路をとおり、視床や大脳辺縁系に伝わり、不快な情動を起こす。

それでは、「重いくすぐったさ」の場合はどうだろう。

人は誰かをくすぐるとき（重いくすぐったさを与えるとき）、微妙に指先に力を加えながら振動を繰り返すようなくすぐり方をする。実際に、皮膚の振動受容器であるパチニ小体に五〇～一〇〇Hzの振動刺激を与えると、くすぐったさが感じられるといわれている。つまり「重いくすぐったさ」の場合は、少なくともパチニ小体を興奮させているのだろう。

こちらは識別感覚系（25ページ参照）であり、どこをどのようにくすぐられるか、という情報をいち早く脳へ伝える（内側毛帯路）。ただし、それだけではなく、くすぐったさによって「快」や「不快」の感情も喚起するため、原始感覚系のC線維でも感知し、腹側脊髄視床路を伝っ

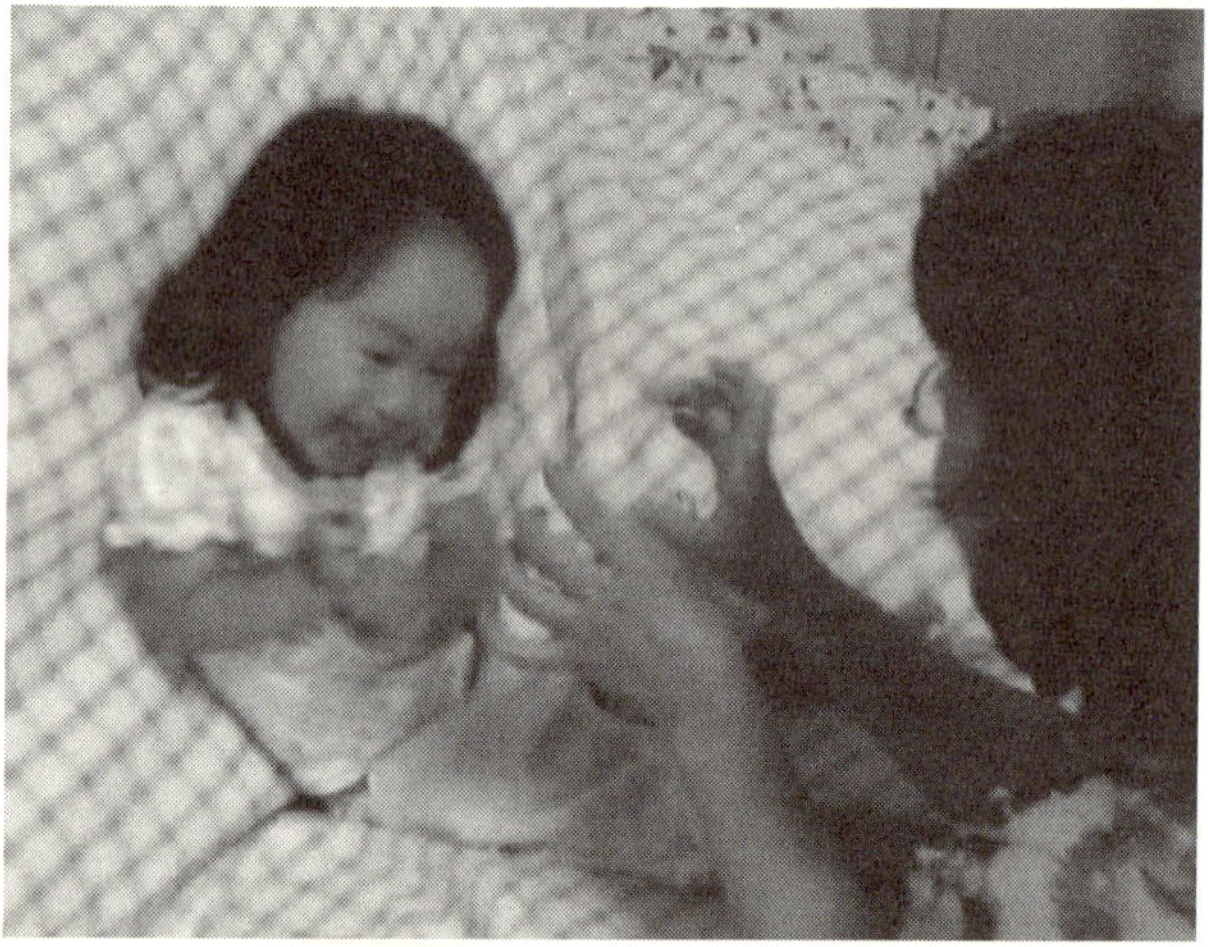

写真４−１　仕草をされるだけでくすぐったくなる

て脳で感情をも起こしているのだろう。

このように、「軽いくすぐったさ」と「重いくすぐったさ」では、それらを感じる生理メカニズムが異なり、別個の感覚であるとさえいえるだろう。

さらに、とくにくすぐったさに敏感に反応する子どもやチンパンジーでは、手で「くすぐるぞ」という仕草をするだけで、キャッキャと喜んで逃げ惑うことがある（写真４−１）。

その場合は、もちろん皮膚への触覚的な刺激はない。そのメカニズムは、87ページで述べたように、痛みに苦しんでいる人を見るだけで、痛みを感じている人と同じ情動が喚起される、というメカニズムと同じことが起こっていると思われる。

ただし、その場合は、くすぐったがる人を見ているわけではないので、自分自身の過去のくすぐられた感覚などが思い出されて、さらに遊びとしての要素がおもしろくて笑うのだろう。

くすぐられるとなぜ笑うのか

くすぐられて笑うのと、冗談を聞いて笑うのとでは、異なるメカニズムだろうと述べた。それでは、そもそもくすぐられた人はなぜ笑うのだろう。

まず考えられる理由として、もともとヒトはくすぐり刺激に対して笑うのではなく、その刺激を与えるときに付随しているさまざまな要素が面白くて笑うのであり、それが繰り返されるうちに、くすぐりの刺激でも笑うようになるのだとする説がある。

たとえば、実際には皮膚には触れなくても、「これからくすぐるぞ」という動作をしながら「こちょこちょ」と言うだけで笑いが起こる。これは、くすぐることを予告する面白い言葉に反応して起こる笑いである。実際にくすぐられて笑うのは、面白い言葉とくすぐる行動が対になって起こるために、後から条件付けられるからだ、というわけである（次ページ図4-5a）。

その証拠に、アメリカの発達心理学者の**スルーフェ**らの観察によると、乳児がくすぐられて笑うようになるのは生後六ヵ月前後の頃からだ。しかし、面白いことを予告する親の言葉（たとえば、「捕まえた！」など）に反応して笑うようになるのは、これ以前のことだというのだ。

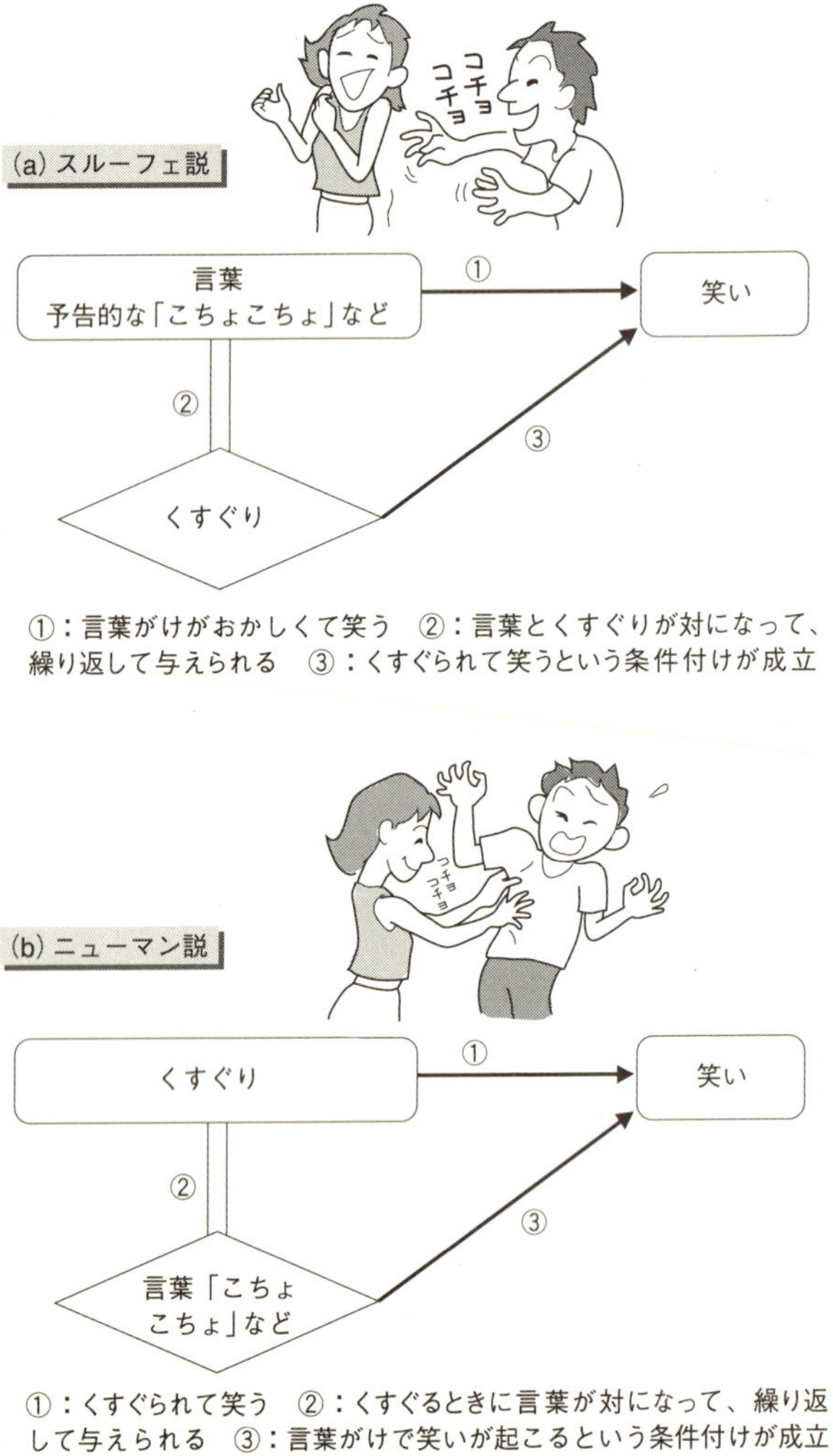

①：言葉がけがおかしくて笑う　②：言葉とくすぐりが対になって、繰り返して与えられる　③：くすぐられて笑うという条件付けが成立

①：くすぐられて笑う　②：くすぐるときに言葉が対になって、繰り返して与えられる　③：言葉がけで笑いが起こるという条件付けが成立

図4-5　くすぐったさの条件付け

ところが、これとは逆の主張も出てきた。

アメリカの心理学者**ニューマン**たちは、大学生を対象に、まずは「こちょこちょ」という言葉だけをかけても無反応であることを確かめた。ちなみに英語でも「こちょこちょ」は「クーチー・クーチー koochie-koochie」と同じような語感でいう。次に、「こちょこちょ」という言葉と同時に太ももをくすぐってみると、みんなが笑った。そしてその後にもう一度、同じ言葉がけをしてみると、それだけで誰もが笑うことを突きとめた。

この場合は、「くすぐる」という刺激に対して「笑う」という反応は、言葉によって条件付けされる前から成立している。そして、くすぐりと「こちょこちょ」という言葉が対になって起こることで、言葉がけだけでも「笑う」という反応が条件付けられることになる。つまり、くすぐりの刺激はそれ自体が笑いを引き起こす刺激であり、それと対にして言葉が発せられると、言葉を聞いただけで笑うようになる、というのがニューマンたちの結論である（図4-5b）。

「快」であり「不快」でもある感覚

スルーフェ説とニューマン説のどちらが正しいだろうか。

この議論に決着をつけたのは、コロンビアの発達心理学者**レウバ**である。

彼は自分の二人の子どもを育てるとき、なんと「くすぐり」と「他のおもしろい遊び」を完全に分離してしまったのだ。つまり、子どもと遊ぶときには、くすぐることを慎重に避けるようにした。奥さんにも同じようにさせた。さらに、どうしても子どもをくすぐる必要があるときには、親の笑顔や笑い声とくすぐりが結びつかないように、お面をかぶるようにした。

こうして育てられた二人の子どもたちも、普通に育てられた子どもと同じように、生後六ヵ月ほど経つと、お面をかぶった親からくすぐられても笑いを見せるようになったのである。

この事実から、くすぐられて笑うのと、冗談などがおかしくて笑うのとは、別々に起こっていることがわかる。つまり、くすぐられて笑うというのは、言葉との条件付けではなかったことになり、くすぐったさという感覚そのものが笑いを引き起こしているのだといえる。

したがってニューマン説が正しかったことになる。

くすぐられた子どもには、身をよじって逃げようとする逃避行動と同時に、笑いも起こる。逃避行動はくすぐったさの不快さのために起きる防衛反応だが、その一方で、笑いは「楽しさ」や「もっと続けてほしい」というサインも表している。

ただしこの笑いは、単純に喜びを表しているだけではないようだ。ヒトの笑いの表情は、本心からおもしろくて笑うときと、作り笑いとでは細部が異なる。

先のハリスは、くすぐられたときと、コメディを見て笑うときとでは、顔の表情が違うと指摘している。実験で両条件の表情を比べてみると、くすぐられたときは、コメディを見て笑うときよりも、笑っているときに鼻に皺がよったり、上唇が上に上がったり、目の周りの筋肉がこわばったりする。これらは不快を感じたときに現れる特徴である。

このことから、くすぐられて笑うときには、快と不快の両方の感情が現れているといえる。感覚としての不快さに加え、遊びとしての喜びの感情が入り混じった表情なのである。

いつからくすぐったがるのか

ヒトはいつからくすぐったさを感じるようになるのだろうか。

早稲田大学の**根ヶ山**と著者は、生後二～三ヵ月、七～八ヵ月、一二ヵ月の乳児を対象に、母親にくすぐってもらったときに、その子どもが笑うか観察した。

生後二～三ヵ月では、くすぐられてもほとんど反応を示さないか、示したとしても、くすぐられた足を引っ込めたり身をよじったりするだけだった。それが生後七～八ヵ月になると、くすぐられたときに笑顔をみせたり、笑い声をあげながら手足をバタバタさせたり逃げようとするようになる。生後一二ヵ月では、この反応がかなりはっきり現れるようになる。

要するに、くすぐったさに対しては、まず不快としての防衛反応だけが現れる。生後六ヵ月ほど経つと、誰がくすぐっているかが分かるようになる。それが母親だと安心して、くすぐり行動に遊びの要素が加わることで、防衛反応だけでなく、笑うようになると考えられる。

すなわち、くすぐったさは生まれつきの感覚ではなく、コミュニケーションによって学ぶものだろう。私たちが最初にくすぐられるのは、たいていは母親からだ。やがて赤ん坊は、くすぐられて笑うことで、逆に母親の行動をコントロールすることを学ぶ。くすぐる母親の指をつかんだりして、もっとくすぐってと言わんばかりの行動を示すこともある。くすぐられて笑うのは、コミュニケーションを続けてほしいというサインであり、こうしてくすぐりによる母子の絆が深まっていく。

4-3 くすぐったさの進化

動物はくすぐったさを感じるか

某テレビの動物番組でおもしろい実験をやっていた。イヌやカバ、ブタ、ヤギ、チンパンジーなどさまざまな動物をくすぐってみて、くすぐったがるかどうかを調べたのである。

ワニガメやトカゲのような爬虫類はまったく反応しなかった。

イヌの後肢の付け根をくすぐってみると、くすぐられた後肢が動かなくなってしまったようで、ダラーンと伸びてしまった。カバをくすぐると、口を大きく開いて逃げようとした。ブタは大きな悲鳴をあげながら全速力で走り出した。ヤギはしっぽを小刻みに振るだけだった。

チンパンジーがもっとも反応がよかった。ヒトの笑い声のような声を出し、興奮して逃げ惑った。しまいには、遠くからくすぐる手の形を見せただけで、興奮して逃げ出してしまった。

くすぐられたチンパンジーの子どもも、ヒトの子どもと同じように口を大きく開ける表情をする。チンパンジーは、くすぐられると短く浅く呼吸をして「アー、アー、アー」という声を連続して発する。一回の呼気で一連の「ハッ」を連発するヒトの笑い声とは多少異なるが、ほぼ同じ表情で同じ声を発するようだ。

写真4-2　サルのグルーミング

霊長類にはくすぐり遊びをする種もある。**グルーミング**（いわゆる毛づくろい：写真4-2）は、社会的な絆を強める楽しいコミュニケーションだが、そのとき、指を寄生虫が皮膚の表面をはっているかのように動かす。これによって、その楽しさが倍増することは想像にかたくない。

このように、皮膚の表面を寄生虫がはうような不快な感覚が、グルーミングを通じてコミュニケーションとしての要素を獲得し、それが個体間の絆を作ることにつながっていったのかもしれない。

さらにサルの群れでは、くすぐられたときに起きる笑いが「支配 - 服従」関係を形成したり、確認したりするのに役立っていると考えられる。ヒトの場合も、くすぐる人は、相手を支配したり、優位に立とうという隠れた動機をもっているかもしれない。

くすぐったさの意味

そもそもどうしてくすぐったいという感覚があるのだろうか。ヒトだけではなく動物でも感じるらしいから、それは進化の過程で獲得した、重要な意味をもつ感覚だといえるのではないか。その理由を考えてみたい。

進化の過程で、「痛み」から「痒み」が生まれたのではないか、と述べた。そして「痒み」からさらに派生的に進化して生まれたのが、「くすぐったさ」（軽いくすぐったさ）だと思われる。

著者の見解では、この「軽いくすぐったさ」は、皮膚についた寄生虫や、ハエやノミなどの害虫の存在をいち早く察知するためのものであろう。たとえば蚊やダニに刺されると痒みが生じる。しかしその前に、皮膚にそれらの虫がはったり、止まったときのかすかな刺激が、くすぐったさとして感じられる。その瞬間、その虫などを追い払う行動がとれる。

他の動物でも、そのような刺激は不快に感じるのだろう。尻尾を振り回したり、胴体をブルブルと震わせて、その虫などを追い払おうとする。

サルやチンパンジーのように、さらに進化した動物では、指が器用になり、つまんで取り去るようになった。さらには、自分のばかりでなく、他の個体の害虫をつまんで除いてやることで親密さや連帯感を示すようになる。

このようにして、コミュニケーションとしてのグルーミングに進化したのが、ヒトの場合は「重いくすぐったさ」ではないだろうか。

先に述べたように、「軽いくすぐったさ」は痛みや温かさを伝える、進化的に古いポリモーダル受容器（31ページ参照）で感知し、脳への伝導路も古いものだ。それに比べると「重いくすぐったさ」は、構造を持った受容器で捉えられ、触覚を伝える新しい伝導路を通って脳へ達するというのも、この考えが正しいことを間接的に示しているといえるだろう。

社会的な感覚

コミュニケーションの手段になると、くすぐったいという不快な刺激も、単なる不快なものではなくなる。相手から触れられて害虫を取り除いてもらったり、遊びとして「快」の感情も生まれるようになったりするからだ。つまり、不快で身をよじらせて逃れようとするだけでなく、互いに笑い、それを楽しむ「快」の要素も含まれるようになる。

このような遊びとしてのくすぐりには、「笑い」の要素が必要不可欠である。

136ページで紹介したパンセップたちの実験では、ラットをくすぐったときに五〇㎑の笑い声をよく発するラット同士を四世代にわたって掛け合わせ、「よく笑うラット」を作った。その一方で、「笑わないラット」も作った。それぞれの特徴をみると、「よく笑うラット」は「笑わないラット」よりも、くすぐられたときに、飼い犬などがやるように、人の指をそっと噛むような遊びとしての行動を多く示した。また学習能力にも長けていることがわかった。

くすぐられる刺激自体は紛れもなく「不快」な感覚であるが、くすぐられたときには笑うことで、遊びとしての要素が加わり、それが楽しくて「快」の感情も生まれる。「よく笑うラット」というのは、そのような社会的な遊びを楽しむことができるラットだといえるだろう。

また「よく笑うラット」が学習能力に長《た》けているのはなぜだろう。158ページで述べるように、ヒトの場合でも、スキンシップのような「快」刺激を与えると、後述するA10神経が興奮する。その末端にある側坐核は、やる気を生み出す脳だといわれる。このため、「よく笑うラット」ほど、学習能力にも長けていたのだと考えられる。

第5章

気持ちよい！

5-1 「気持ちよい」の正体

気持ちよさとは何か

「気持ちよさ」は、五感すべてにある。味覚なら「おいしい」、嗅覚なら「いい匂い」といった具合である。それは当然、皮膚感覚にもあてはまる。

それでは皮膚感覚での気持ちよさとはどんなものがあるのだろうか。

皮膚感覚による「気持ちよさ」は、痛みや痒みに比べると非常に曖昧な感覚で、いろいろな意味が含まれる。たとえば「足の裏を指で力強く押してもらったとき」の気持ちよさと、「柔らかい毛布に包まれて眠るとき」の気持ちよさ、あるいは「性的な快感」とでは、かなり異なる感覚だろう。辞書では「快感」とは「心地よい感じ」と書かれているが、これだけでは、たとえばツボ押しのような「痛気持ちよい」快感は抜けてしまう。

そこで、ここでは「気持ちよさ」を「ある特定の感覚をさらに追い求める行動をとらせる感覚」と定義しておこう。ただし、これでもまだ不十分だ。

皮膚の快感は、皮膚感覚すべてに存在する。「痛、圧、触、温・冷」の刺激それぞれに対して

「痛気持ちいい」、「ツボを押されて気持ちいい」、「優しく触れられて気持ちいい」、「温かくて気持ちいい」、「冷たくて気持ちいい」ということになる。そして複合的な感覚である「くすぐったさ」や「性感」も、「気持ちよさ」とは密接な関係がある。

それぞれの感覚で気持ちよさを感じるためには、その刺激がマイルドであることが共通条件になる。いずれの刺激でも、強すぎると、すべて「痛み」として感じられてしまう。ツボ押しなどで適度な圧をかけられれば気持ちいいが、ある限界点を超えるとそれは痛みに変わる。温・冷覚についても同じことがいえる。

すなわち「気持ちいい」とは「その刺激をさらに追い求める行動をとらせる感覚だが、その刺激が強すぎても弱すぎても、不快に感じ、身体を閉ざしてそれを遮断し、遠ざけようとする感覚」であるといえるだろう。

快・不快のメカニズム

まず触覚の気持ちよさを例に、快・不快のメカニズムをみていこう。

他人やモノに触れたり触れられたりした皮膚の刺激は、電気信号に変換されて神経線維を伝わるが、それが最終的に快と感じたり不快と感じたりするのはなぜだろう。それらはどのレベルで分かれるのだろう。生理学では次のように考えられている。

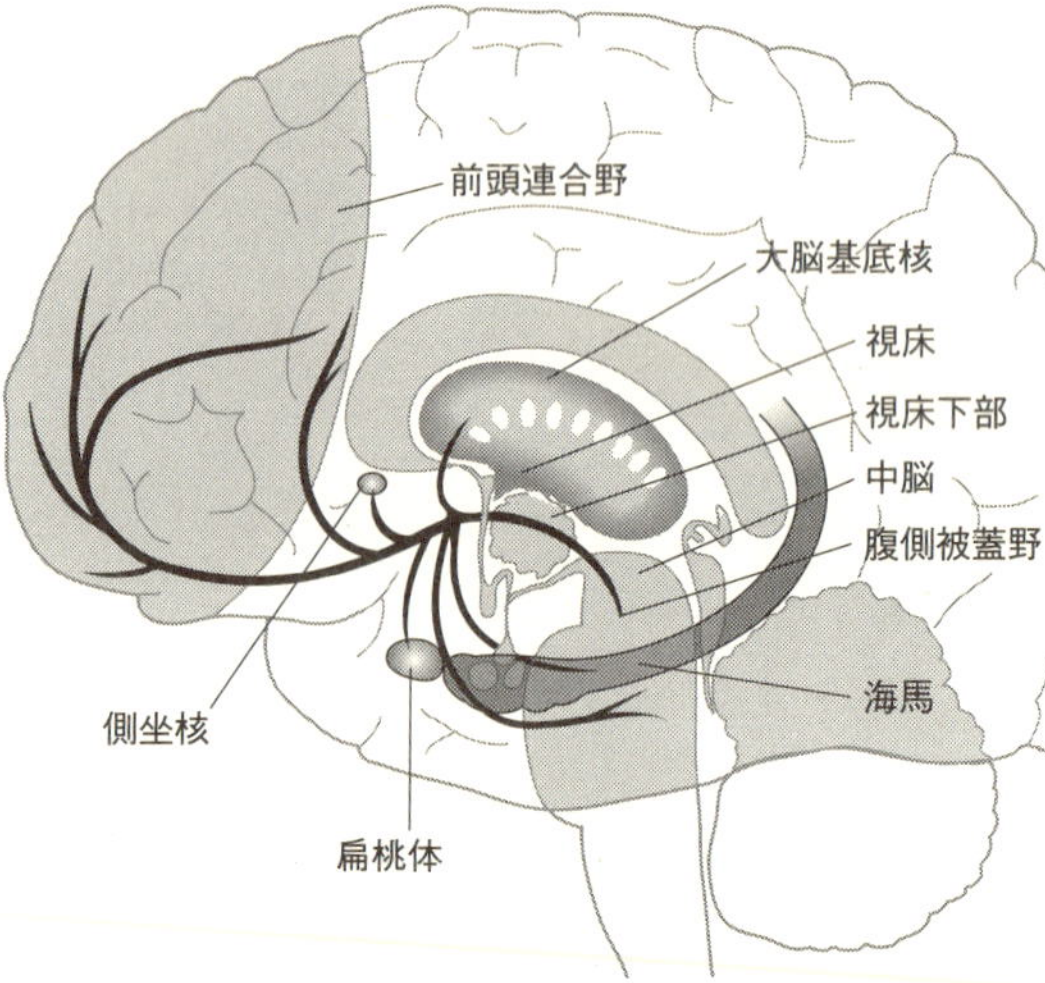

腹側被蓋野から前頭連合野へ伸びている。

図5－1　A10神経

快を感じる脳領域は**報酬系**とよばれ、腹側被蓋野から側坐核に向かって走る内側前脳束を中心とした部位で、**A10（エーテン）神経**ともよばれる（図5－1）。そこにドーパミンが流れると「快」の感情を感じる。

A10神経は、視床下部を貫通して大脳辺縁系へと伸びていく。大脳辺縁系では、好き嫌いを判断する扁桃体に入り、記憶を刻んでいる海馬にも向かい過去の記憶と照合される。A10神経はさらに大脳基底核へと伸びていく。ここは運動を微調整する部位で、快感に満ちた表情などを作り出す。さらにやる気を生み出す脳である**側坐核**へと向かい、最後に高度な精神作用を司る前頭連合野で終わる。

一方、不快を感じる**嫌悪系**には、視床内側部、視床下部腹内側核、脳室周囲領域などが含まれている。

これらの中で特に重要なのは、扁桃体である。**扁桃体**は快・不快の情報の入出力に関係し、好きか嫌いかを、海馬に蓄えられた記憶を参照して判断している。

視覚、聴覚、嗅覚、味覚などの感覚も、すべて扁桃体に入る。

たとえば、サルはスイカが大好物だ。そこでサルの扁桃体に電極を入れて調べたところ、スイカを食べたときにだけ急激に反応する細胞が発見された。スイカを食べたとき、扁桃体には色や形、匂い、味、歯触りなど、五感からの情報がすべて入ってくる。そしてこれらの感覚を統合して扁桃体が興奮すると、A10神経からドーパミンが出て快を感じて、スイカが好きだという感情が生まれる。

サルの扁桃体では、好きなスイカだけでなく、嫌いなクモやヘビにだけ反応する細胞も発見されている。だから、扁桃体を破壊されたサルは、本来なら食べられないものを食べようとしたり、食べ物に性行動をしかけたり、ふだん恐れているヘビに近づいたりするようになってしまう。つまり、刺激に対する意味付けがおかしくなってしまうのである。

皮膚感覚でも同じだ。何かに触れたり触れられたりしたときの触覚は、脊髄をとおって脳の体性感覚野に至りその対象の性質が認識される。それと同時に、網様体や視床下部に至り、その刺激に対する好き、嫌いの判断を扁桃体が行っているというわけだ。

皮膚感覚の快・不快

しかし、私たちがもっとも知りたいこと、すなわち、どのような皮膚感覚が快で、どのようなものを不快と感じるかということについては、生理学のレベルでは残念ながらまだあまり分かっていない。ある刺激に対して「快」か「不快」かを決めているのは、単純に物理的な刺激だけではなく、それへの意味付けといった心理的要素が非常に大きいからだ。

とくに、他人から触れられたときの反応は複雑である。「触れる－触れられる」スキンシップは、他人との関係をあぶり出す。物理的にはまったく同じ刺激でも、好きな人に触れられた場合は全身が熱くなるほどの快を感じるが、嫌いな人に触れられたら、鳥肌が立つほど不快に感じる。嫌いな相手には、愛想笑いはできるかもしれないが、皮膚感覚はごまかせない。触れられたときには、皮膚感覚を通して、自分でも意識していない感情がおきる。「身の毛がよだつ」ほどいやなのか、「毛穴がほっと開く」ように気持ちよいのかは「皮膚のみぞ知る」といえる。

気持ちよさを感じやすい部位と触れ方

このように複雑なスキンシップについて考える前に、もう少し単純な行為である、モノに触れる場合についてみていこう。

イギリスの歯科学者エシックたちは、皮膚のどの部位にどのような刺激を与えると、主観的な気持ちよさを感じるか、ということを調べた。

彼らは、ベルベット、綿、それにポリエチレンのメッシュで、被験者の顔と腕をそれぞれ三つの異なる速度で撫でた。すると、ベルベット、綿、メッシュの順に気持ちよさを感じることが分かった。そして、どの生地で触れた場合でも、腕よりも顔に触れたほうが気持ちがよかった。

さらに顔でも腕でも、触れる速度は一秒に五㎝ほど動かすときがもっとも気持ちよく、それより速くても遅くても、気持ちよさは低下してしまうことが分かった。この速さは、たとえば泣いている赤ん坊の背中をさすってなだめたり、マッサージをするときのゆっくりとした手の動きの速度であろう。

私たちは、相手を気持ちよくさせるようなときは、経験的あるいは本能的に、この速さで撫でているのだろう。

それでは、腕よりも顔のほうが気持ちよく感じたのはなぜだろうか。

赤ん坊やぬいぐるみを見ると、思わず頬ずりしたくなることがある。顔の皮膚、とくに口唇部や頬には、ネズミのヒゲと同じような役割、すなわち触れてその形状などの特徴を探る機能が残されている。そのため、敏感な顔のほうが、腕よりも快感を感じやすいのだろう。

触れるとなぜ気持ちよいのか

手の平や指でシルクやベルベットの布を撫でると気持ちいい。手の平や指などの無毛部の触覚は、触れる対象が何かという情報を得るための機能が発達している。ところが、そのような識別的機能をもつ部位で触れると、気持ちよいという感覚が生まれるのはなぜだろうか。

イギリスの神経科学者フランシスらは、ベルベットで覆われたダボ（木や石を接ぎ合わせるときに両材のずれを防ぐために埋め込む、太さ三〜四㎝、長さ六〜九㎝ほどの木片）とむき出しのダボそれぞれに、手の平で触れたときの脳の活動部位をｆＭＲＩで測定した。前者が快刺激、後者が中性刺激ということになる。

触れ方に差があると脳への影響も異なると予想されるため、固定した被験者の手に、実験者がダボを当てて一定の速度で動かすようにした。すると、ベルベットで覆ったダボでは眼窩前頭皮質などの大脳辺縁系が活動したのに対し、むき出しのダボでは体性感覚野の活動だけがみられた。

眼窩とは眼球が入っている頭蓋骨のくぼみで、眼窩前頭皮質はその眼窩のすぐ上の前頭葉の部分をいう。この部位は、身体からくる情報を受け取り、さらに意志決定をするのに重要な役割を果たす場所だと考えられている。触れた物の触覚的な情報を解釈し、それに接近するか回避するかを決めているのだろう。

この結果は、快刺激は大脳辺縁系で感情を生み出し、中性的な刺激は、その性質を探る脳部位に届くことを示している。そしてこのことからフランシスらは、気持ちよさなどの感情を呼び起こすか否かは、そのモノの材質によると結論づけた。

たしかに材質の違いは重要だろう。しかしそれだけではない。著者が行った観察では、同じ材質（シルクを用いた）に触るときでも、表面のテクスチャーを判断させるときと、それに触れた感触を愉しむときとでは、触れ方に違いがあることがわかった。

テクスチャーを判断する場合は、表面を引っ張り、指先に力を入れて触れることで、その表面の粗さや滑らかさの情報を得ようとする。それに対して感触を愉しむ場合は、指の腹や手の平といった「面」で軽く撫でるように触れるのである。

このように、人は触れる目的に応じて、触れ方を変えている。逆にいえば、人は欲しい情報を手に入れるやり方で触れることによって、それを自ら創り出しているのだとさえいえる。そして触れるモノの材質と触れ方の相互作用によって、もっとも快適さを感じられる情報がその接触面で創られ、それを脳で気持ちよいと判断するということだ。

藁籠に子どもを包み込んで入れておく。
写真５−１　日本のスウォドリング「いづめこ」（秋田県）

触れられる気持ちよさ

次に、他人に触れられて「気持ちいい」という現象について考えてみたい。どこを、どのように触れられると、もっとも気持ちよさを感じるだろうか。

たとえば頭を撫でるのは、日本では愛情の表現で、そうしてもらった子どもは、当然、嬉しくて快を感じる。しかし、これには多分に文化的な意味が含まれているので、ここでは議論しない。動物としてのヒトに焦点を当てて考えてみる。

他人に触れてもらうと気持ちよく、また安心感が得られる。しかしそれは何も人間から触れられる場合だけではなく、また生き物でさえなくても構わないという特徴もある。

イギリスのケンブリッジにある産科病院では、未熟児を仔羊の毛で作った毛布に寝かせておくと、通常よりも一日あたり平均一五g多く体重が増加することが観察された。

毛布を敷いたのは保温のためではない。世界各国には**スウォドリング**といって、赤ん坊を細い布でぐるぐる巻きにする伝統があり、これに倣《なら》ったようである。

スウォドリングは、現在では南アメリカ先住民や、中国の山岳地帯からモンゴルやロシアにかけての一帯でしか行われていないが、かつては日本でも行われており（写真5−1）、ヨーロッパでも一八世紀末までは広く行われていた育児法である。

これによって、赤ん坊は触覚的刺激が増え、軽く抱きしめられているように感じて、ストレスが減少するようだ。他の実験でも、ぴったりとして気持ちの良い毛布や服をまとっていると、泣いている赤ん坊でも心拍が減り、リラックスできることが分かっている。狭い子宮の中にいたときのように、軽く締め付けられているほうが、よく眠れるのである。

タッチケア

赤ん坊に対するタッチケアも同じことがいえる。

タッチケアは、赤ん坊と親の体を触れ合わせることで、親子の絆を深めようというものである。赤ん坊を見つめ語りかけながら、素肌にしっかり触れる。手足を曲げ伸ばししたり、撫でたり、少し圧をかけながらマッサージしたりする。このとき母親には、赤ん坊の皮膚に指先で軽く触れるのではなく、手の平全面で軽く圧をかけながらマッサージするように指導する。

未熟児で生まれた赤ん坊で、生後一二日目から三週間の間、身体のさまざまな部位をいろいろな方法で撫でた研究がある。それによると、もっとも赤ん坊が「快」の仕草や表情をしたのは、うつ伏せの姿勢でベッドに寝かされて、頭を撫でられたときだった。これはイヌやネコ、ウマなど身近な哺乳類でも、快適さを感じていると思われる姿勢と体の部位である。

では、なぜ頭なのか。

頭はヒトの体でもっとも上にある。そこに触れられるということは、相手が自分より上に位置していることを意味する。そこで触れる人が優位に、触れられる人が劣位に立つことになる。ペットが頭を撫でられると喜ぶのは、主人にかわいがられていることを肌で確認しているからではないだろうか。とくにボスの存在を意識するイヌが、飼い主に頭を撫でられるのを好むのは、そのためだろう。

いずれにしても、他人に触れられて気持ちいいと感じるのは、第1章（31ページ）で述べたように、スキンシップのようなゆっくりした刺激に反応する遅速C線維が存在することと、どのような人から触れられるかという心理的な判断の二段階で決まるのだろう。

「痛気持ちいい」のメカニズム

次に、痛覚と気持ちよさの関係である。

たとえば、指圧で手の平や足の裏のツボを強く押されたとき、痛いのと同時に、そこをもっと押して、という感覚を覚える。この痛いけれど気持ちいいという感覚を「痛気持ちいい」といったりする。

日本人は、アロママッサージのように皮膚の表面を柔らかく撫でさするよりも、ツボ押しや按摩のようにきつく揉まれたり押されたりするのを好む人が多い。日本の温泉も、外国人なら「ヤケドしそうだ」と大騒ぎするくらい熱い湯に、顔を真っ赤にして浸かっている人が多い。

第2章でも述べたように、痛みの感じ方や表現の仕方は、民族によってさまざまである。日本人は、痛みは耐えるべきものとして我慢する傾向が強い。痛みに耐えることでその効果もあがると思い、それに耐えているうちに快感が出てくるのだろう。

この「痛気持ちいい」快感の生理的メカニズムについて探ってみよう。

ケガの痛みや精神的苦痛を感じているとき、脳の中では**β-エンドルフィン**というオピオイドペプチドが分泌されている。**ランナーズハイ**といわれるマラソンの中盤以降の苦しいときに起こる陶酔状態も、このはたらきによるとされる。

モルヒネはケシから取れる麻薬のアヘンの成分で、鎮痛剤として利用されている。一九七〇年代に、モルヒネに特異的に結合する受容体が脳の中に見つかり、ついでこの受容体に特異的に結合する物質が身体の中にもともとあることがわかった。この物質は、生体内にあるモルヒネに似た物質という意味で**内因性モルヒネ様ペプチド**といわれる。

この内因性モルヒネ様ペプチドこそ「痛気持ちいい」の正体であろう。

フランス革命期の貴族作家マルキ・ド・サドは「快楽は苦痛の薄められたものである」といい、一七世紀のオランダの哲学者スピノザは、「快楽と痛みは連続体上にある」と述べた。まさにその通りで、たとえば四五度C以上のお湯では痛みを感じるが、少し低い四二度Cくらいのお湯に浸かると、やがて脳内でβ－エンドルフィンが分泌され、気持ちよく感じるようになる。また、一時期、激辛ブームがあった。これも、辛い食べ物で舌に弱い痛みの刺激を与えることで、それを愉しんでいるのだ。そしてすぐに病みつきになる。

ある程度の痛みや苦痛といったものは、それに耐えて乗り越えていくうちに気持ちよさに変わるもののようである。

痛みと快感のリンク

痛みが気持ちよさにつながるのにもう一つ理由のあることが、最近の研究で分かってきた。

二〇〇三年にイギリスの心理学者ロールズたちは、手の平に三種類の刺激を与えたときの脳の活動部位を比較した。ベルベットで包んだダボ（快刺激）、尖ったもので刺す（痛み刺激）、右手で左手に触れる（中性刺激）の三つの刺激だ。すると、中性刺激で活発になったのは体性感覚野だった。ここまでは先のフランシスらの結果と同じである。

ところが、痛み刺激を与えたときも快刺激のときも、同じ前帯状回皮質が活発にはたらいた（痛み刺激には後方部、快刺激では前方部が反応するという違いはあったが）。すなわち、快を感じる部位と苦痛を感じる部位は、脳のほぼ同じ場所にあったのだ。このため、苦痛を感じるときには同時に快楽も感じやすいのだと思われるのである。

快と苦痛をほぼ同じ場所で感じる理由は、次のように考えられている。

生物は常に、エサや群れの仲間のように快をもたらすものと、敵の存在や危険な状況のように不快をもたらすものとを、瞬時に区別して行動する必要がある。その判断は同じ部位でする方がはるかに効率的だから、進化の過程でほぼ同じ部位で感じるようになった。

この判断をするのは、前述のように、扁桃体である。その際、海馬で過去の記憶を参照したり、前帯状回で情動に関してどのような行動をすべきか判断したりする。高度に進化した動物は、単純に痛みを起こす危険な刺激から逃れようとするだけではなく、あえて危険な状況に接近し、より大きな報酬を得ようとすることもある。その結果、報酬が得られれば、危険な状況は

「嫌い・不利」なものではなく、より強く「好き・有利」と意味付けされるようになる。こうして、快と不快を感じ判断する領域の神経のネットワークは密になっていったのかもしれない。

以上のように、「痛気持ちいい」、という一見すると矛盾した感覚は、脳の構造からみれば、むしろ自然な現象だといえるだろう。

痒みと快感

痒みそれ自体は、ただ単に不快な感覚であることは、すでに述べてきたとおりだ。ところが、その痒いところを掻くことには、むしろ快感が伴う。たとえば蚊に刺されて腫れ上がった痒い皮膚を、爪跡がつくほど力を入れて押さえつけると、なんともいいがたい快感を感じるだろう。

この現象について、ギリシャの哲学者のソクラテスは「掻くことは快感と痛みの混ざった感覚である」と述べ、アメリカの発達心理学者のモンターギュは、「掻くことは自然のもっとも甘い感情の一つである」とも述べている。

痒いところを掻くときには、痒みと痛みだけでなく、快感も同時に感じられる。ところが、痒いところを長時間掻き続けていれば、それはやがて痛みに変わっていき、そうなると痒みも収まるが快感もなくなる。

それではもしも痒いところを、爪で掻くのではなく指先で擦《こす》るとどうだろう。この場合は、痛みはないが快感を感じることもほとんどなく、ただ痒みだけを感じ続けることになるだろう。

それでは痒くないところを爪で掻くとどうなるだろうか。やってみればすぐわかるが、快感も痒みもなく、ただ痛みだけを感じる。

これらのことから、快感を感じるためには、「痒い」ところを「掻く」のでなければならないことがわかるだろう。

痒い皮膚を掻くときの気持ちよさの正体はなんだろうか。

一九五六年のことだが、アメリカの生理学者ケペックスたちは、この「掻くときの気持ちよさ」を「痛みによる愉しみ」と表現している。103ページで述べたように、通常の皮膚では、痒いところを掻くことは痛みを与えることである。そしてその痛みの信号が、脳に入る痒み信号を抑制すると考えられている。

このように、普通の痒みなら掻くと痒みが抑えられるが、強い痒みがある皮膚は特殊な興奮状態にあるため、そこに痛みの刺激が加わると、相互作用によって痛みによる快感が生まれるようだ。そのメカニズムはまだ解明されているわけではないが、人はこの快感を求めて、痒い皮膚を掻きむしってしまうのだろう。

痒みの治療に使い捨てカイロが使われることがある。使い捨てカイロを痒い部位に当てると、熱さのせいで痒みが収まってくる。同じように、痒いところを氷で冷やしても効果がある。熱さは温かさに痛みが加わった感覚である。過度の冷たさも、冷感に痛みが加わる。そこで、痒い皮膚に熱いものや冷たいものを当てても、掻くのと同じような「痛みによる愉しみ」を感じることができるのである。

温・冷感と気持ちよさ

簡単な実験をしてみよう。お椀を三つ用意する。一つ目には温かいお湯を、二つ目にはぬるま湯を、三つ目には氷水を入れる。そして片手（あるいは片方の人差し指）をお湯に入れ、もう一方を氷水に入れる。その後、両方の手（あるいは指）を同時にぬるま湯のお椀に入れる。すると、お湯に入れてあった手は「冷たい」、氷水に入れてあった手は「温かい」と感じるだろう。

このように、温度の感じ方は、そのときの自分の皮膚温によって大きく影響される。しかし、体温の高低による影響はほとんどなく、体温の高低はむしろ快・不快にかかわっているようだ。

一九七六年にアメリカの生理学者、**マウアー**は次のような実験をした。

まず被験者を二グループに分け、それぞれ一五～一八度Cの冷たい水風呂と、四一～四三度Cの温かい風呂に入ってもらう。水風呂に入った被験者は体温がやや下がり、温かい風呂に入った被験者は体温がやや上がることになる。

風呂から出た後、今度は三五～三六度Cの体温に近いお湯の風呂に浸かりながら、右手を二一度Cから四五度Cまでの九段階の温度のお湯（テスト湯）に入れて、それぞれの温度を判断してもらった。また各々の温度に対する快・不快も報告してもらった。

比較のために、最初からずっと三五〜三六度Cの湯に浸かりながら、同じテストをしてもらうグループも用意した。

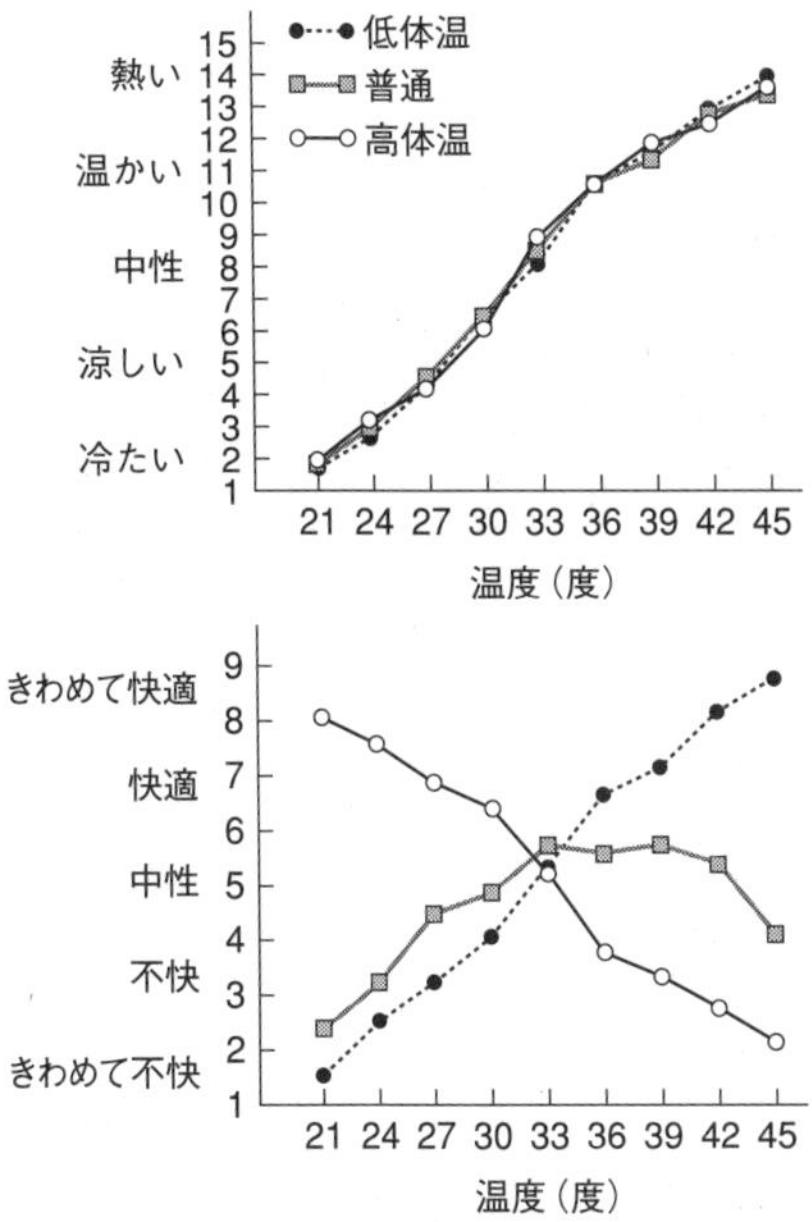

図5−2　体温と温度感覚　Mower, 1976より

その実験の結果は図5−2のようになった。

これをみると、温度の感覚的判断（上図）は、被験者の体温にはほとんど影響されず、正確なことがわかった。ところが、その温度の「快−不快」の判断（下図）は、被験者の体温に大きな影響を受けていた。温かい風呂で体温が高められたグループは、低い温度のテスト湯のほうを快適と感じるのに対して、水風呂で体温が低められたグループでは、高い温度のテスト湯のほうを快適と感じていたのだ。

このように、私たちがモノや人に触れたときには、その温度によっても快や不快の感情が生まれると考えられる。そのとき快と感じるか、不快と感じるかは、私たちが生まれつきもっている生物的なシステムと、経験による評価が加わって決まるのだろう。

たとえば他人の手を握ったときに、快と感じるか不快と感じるかは、まずは温度によって決まる。自分の体温が高いと、自分よりも低い体温の手を快と感じ、高い体温の手だと不快と感じる。その逆もある。さらに、心理的な評価の部分も非常に大きい。相手との親密さによる判断が大きく関わって、相手の手の温度にかかわらず、親密な相手であれば快、そうでない相手であれば不快を感じるだろう。

5-3 性感の気持ちよさ

性感とは何か

皮膚には基本的には触覚、痒覚、圧覚、痛覚、温覚、冷覚の受容器しかない。ところが性的な気持ちよさというのは、そのどれでもないが、確実に存在している。いったいどこで、どのように感じているのだろう。

皮膚にはこれらの五つあるいは六つの受容器しかないのだから、それ以外の感覚はすべて、これらの感覚に加え、心理的な要素が脳の中でブレンドされたものと考えられる。

性感と関わりのある受容器は、マイスナー小体とパチニ小体といわれる。

マイスナー小体が反応するのは、たとえばシルクやベルベットのすべすべした感触や、皮膚を優しく撫でる指の感触である。マイスナー小体では、末端神経がループ状に枝分かれし、一つ一つが明確に区別されて皮膚の表面に沿って並んでおり、豊富な感覚を拾い上げていく。

一方、パチニ小体は真皮中や皮下組織といった、マイスナー小体よりも深いところにあり、振動の刺激の変化情報を敏感に受け止めている。人間がもっとも快く感じる振動刺激は、心拍に近い〇・八秒間隔の振動とされている。つまり、愛撫などによる刺激を敏感に感知するのである。

これらの受容器は、毛が生えていない部分に集中している。足の裏、指先、クリトリス、ペニス、乳首、舌など、愛撫の対象になる部位である。ただし太ももの内側や陰部周辺などは意外に少ない。

他人にあまり触れられることのないこれらの部位に、そっと軽く触れることでマイスナー小体を刺激し、さらに振動を与えてパチニ小体を刺激すると、性感がエスカレートするのだろう。

性感の意味

これらの受容器が機械的な触覚刺激を感知して、脳に信号が送られると、なぜ性感になるのだろうか。それにはかなりの心理的な要素がブレンドされる必要がある。たとえば刺激を与える人と親密な関係が築かれている必要がある。親密でもない人から触れられたら、ほとんどの人は「鳥肌が立つ」ような拒否反応を示すだろう。逆に親密度の深い人とだったら、近づき、手を握るだけでも快感を得られるだろう。

さらに、たとえ好きな人から触られたとしても、その場の雰囲気や自分の気持ち次第で、気持ちよくなったりならなかったりもする。

このような条件が満たされて快感を感じている人は、自律神経の交感神経が活発にはたらき、瞳孔が開き、皮膚はしっとりと発汗し、顔は紅潮する。このとき皮膚はさらに敏感になっていく。このような状態のときに、普段あまり他人から触れられることのない部位にそっと触れられると、皮膚からの刺激と恋愛感情が交錯して、触覚は性的な快感に変貌する。

ただし、このような性感は人間だけのものかもしれない。動物にはほとんどないか、あるとしてもごく単純なものであろう。発情期につがうだけの動物には、特定の性的対象との関係を長く維持する必要はない。ところが人間の場合は、特定の関係を少しでも長く維持させるために、さまざまなサービスをする必要がある。そのサービスを受けとるもっとも原始的な感覚として、人間には性感という皮膚感覚があるのではないだろうか。

人間は、古今東西、さまざまな工夫をしてこの性感を高める方法を追求してきた。深くて豊かな性感を得るため、特に性交に至る前段階での前戯の愉しみを深めていったといえるだろう。

ところが現代の人々、とくに若者の性感というのは、非常に萎縮し矮小化、パターン化されているように思えてならない。その意味では動物的ともいえるかもしれない。好きな人と抱き合ったり手をつないだりじゃれ合ったり、キスしたりといったように、必ずしも性行為に結びつかない快感というものを、男女ともにもっと大切にすべきではないだろうか。

第6章で述べるように、皮膚感覚の衰えが人間関係に落としている影は、とても深いように思える。好きな人と軽くスキンシップするだけで、気持ちがいいということを、もっと見直してはどうだろうか。

くすぐったさと性感

次に「くすぐったさ」と性感の関係をみていこう。くすぐったさと性感には、共通点もあれば相違点もある。

まず共通点からみていくと、最近の研究では、性感もくすぐったさも、それを生み出す刺激自体はほぼ共通するといわれている。前述のように、くすぐったさ自体を感じる感覚受容器はない。「触覚」「圧覚」に加えて、心理的要素が脳の中でブレンドされて初めて生まれる複合的な感覚である。その点では性感も非常に似ている。

とくに女性の場合は、くすぐったさを感じる部分と性感帯が共通することが多い。くすぐったさを感じる条件と同じで、普段触れられることがほとんどない特定の部位を、特別な人から触れられるという、特異な体験によって引き起こされる点も両者に共通している。

女性の場合、性交渉は妊娠・出産につながる行為である。そのため、全身の皮膚を敏感にして、相手の男性の特質（肌が合うか、浮気をせず子育てを共にしていけるかなど）を吟味するアンテナとして用いているのだろう。くすぐったさの意味に関する見解（152ページ参照）でも述べたように、相手の男性が文字通り害虫のような「悪い虫」ではないか、ということを皮膚感覚で判断しているのだろう。

くすぐったさと性感の境界

では、同じ部位を同じように刺激したとしても、くすぐったさを感じる場合と性感を感じる場合があるのはなぜだろう。

心理学ではくすぐったさは防衛反応だと考えられている。たとえ親密な関係にあっても、その人に対して緊張や不安といった防衛的な心理状態になっているときは、触れてくる相手から逃れたい気持ちになる。しかし同時に、このような回避的な要素だけではなく、親密な相手だからこそ受け入れたい、もっと続けて欲しいという笑いが起こる。それがくすぐったさなのだ。

これに対して性感は、回避的な要素はなくなり、受容的な意味だけを持つ感覚である。相手を受け入れようという気持ちによって生まれる。そこで、最初は緊張して防衛的になっているため、くすぐったさしか感じないとしても、徐々にリラックスして相手を受け入れる気持ちになってくると、それが次第に性感に変わるわけである。

紀元前一五〇〇年頃のエジプトのハトシェプスト女王は、恋人と会う前に、まず召使に両足をマッサージさせ、香油を塗りこませた。そして長椅子に身を横たえ、その足の裏を孔雀の羽でくすぐらせ、セックス直前の状態にまで導かせたのだそうだ。中世のヨーロッパにも、同じような目的の「足裏くすぐり女」というのがいたという。

前戯としての足のくすぐりは、とくにロシア人が好んだ。エカテリーナ大帝をはじめ、ロシアの歴代の女帝たちはその熱心な愛好者で、専門の侍女さえいたという。侍女たちもその技術を巧みに開発してゆき、熟練の技をもつ者さえいたらしい（桐生操『世界性生活大全』文藝春秋）。

性感とくすぐったさのもう一つの相違点は、性感は自分で刺激を与えても高まるが、くすぐったさは自分でくすぐってもあまり感じない点である。

性感は種族保存という本能に根ざした感覚であるため、その目的を遂行するためであれば、手段は選ばない。そのため遠心コピー（40ページ参照）はほとんど行われないのだろう。それに対してくすぐったさにはそのような使命はない。むしろコミュニケーションとしての要素を帯びている感覚である。そのため、自分でくすぐってくすぐったくては意味がない。こうして、遠心コピーでその感じ方を抑えているとも考えられる。

5-4 「気持ちよさ」の意味

「気持ちよさ」の進化

快・不快の感覚は、進化的にかなり早い段階からあった。

もともと快・不快の感覚は、何か行動した結果として感じられるものである。原始的な生物は、まずランダムに行動し、不快な状況からは逃れ、快適な場面ではそこに留まり、さらに快を求めるように動き回る。たとえば単細胞生物のアメーバには、**趨触性**《すうしょくせい》（**シグモタクシス**：thigmotaxis）という性質がある。これは、自らの体に触れるものを求めて移動する性質をいう。アメーバは固形あるいは液状の栄養物に出会うと、それを取り囲むように体を拡げて体内に取り込もうとする。つまり、皮膚（表皮）が、触れたものの快・不快（この場合は食べられるか・否か）を判断しているのである。こうして食物には接近し、危険からは逃れるように行動している。

この感覚（原始的な感情）が記憶をもつようになり、次からは似た状況には接近したり、あるいは避けたりするようになる。快・不快は、行動するための道標になっているのだ。

これはヒトでも基本的には変わらない。子どもは、泥遊びや砂遊びが大好きだ。水をバシャバシャして大はしゃぎする。生命は海の中で誕生し、泥の中の生活を経て、やがて陸上生活を始め、さらに進化して生まれたのがヒトだ。赤ん坊や幼児が、そのような触感を好むのは、かつてそのようなものに触れて生きていた記憶が、細胞の中に刻み込まれているのかもしれない。

ところが大人になるにつれて、身の回りにある触れるものといえば、プラスチックや金属製の工業製品ばかりになる。それらの触感は、自然界にはないものばかりだ。

裸足で遊ぶことを嫌がる子ども、泥遊びができない子どもが増えている。四、五歳児を対象に行った調査では、裸足になることや手で土や泥に触ることを嫌がる子どもほど、情緒不安定で神経質だった。

太古の世界から馴染んできた自然のものの触感を嫌がり、人工物にしか触れられずに育つ子どもが大人になったとき、生物としての心に歪みが生じないはずはない。

社会性が育む「気持ちよい」という感覚

ヒトの皮膚感覚における快や気持ちよさは、単純な生理的なものだけではなく、社会的欲求が満たされることからも感じられる。

たとえば親子の愛情にはA10神経を流れるドーパミンが関係している。ドーパミンは快感を生むだけではなく、親子を結びつける働きをするホルモンである**オキシトシン**を視床下部で分泌させている。これまでオキシトシンは、出産や授乳のときに母親の体内で子宮を収縮させたり、乳汁の射出を促すホルモンだと考えられてきた。しかし最近では、脳の中でも神経伝達物質としてはたらき、他人との信頼を高めたり親密な行動を生み出す物質だと分かってきた。

ネズミの実験では、家族でまとまって生活する家族型の個体と、単独の生活を基本とする単独行動型の個体を比べてみると、前者は後者のネズミよりオキシトシンの受容体が多い。

さらに、生まれたばかりの仔ネズミを親と引き離した場合、この二種類のネズミの行動には歴然とした違いが現れた。単独行動型の母親は、仔ネズミに無関心で、仔ネズミの方も母親への執着はあまり強くなかった。一方、家族型ネズミの母親は、仔ネズミにすぐに駆けつけて保護し、仔ネズミも懸命に乳首にしがみついた。

動物には本来、自分以外の生物を恐れる原始的な本能がある。ところが進化するにつれて、仲間同士で接触することが必要になってきた。オキシトシンは、知らない相手を恐れるという動物本能を乗り越えて、親子の強い結びつきを生み出す役割を果たしているといえる。

不安や恐れは視床下部から生み出される原始的な情動である。視床下部は外から与えられる刺激の種類によって、快感を生むこともあれば、不快感を生むこともある。その判断をしているのが扁桃体であり、そのはたらきは乳幼児期からの親子の接触の仕方によって決まるようだ。たとえばネズミでの実験では、親子のスキンシップによってオキシトシンのレベルが高まることが分かっている。

ヒトでもそうだろうか。著者はこんな実験をやってみた。

まず大学生二六二名にアンケートして、幼児期に両親とのスキンシップが多かった、あるいは少なかったと答えた人をそれぞれ一〇名選んで、被験者になってもらった。実験は、これらの被験者に同性の人が腕と肩に触れ、被験者にそのときの感じを報告してもらうというものだった。

すると、スキンシップが多かったと答えた人は、タッチされたとき、相手に対して親しみや励ましという肯定的な印象を受けた。これに対して、スキンシップが少なかったと答えた人は、同じタッチに対して「緊張した」といった否定的な評価をしたのである。幼少期からの親子の触れ合いによって、人との触れ合いが快に変わるのである。

アメリカの小児科医のシャンバーグは、他人に触れたり触れられたりすることが快感でなければ、ヒトは種の存続も親子関係もあり得ず、生きていくこともできないだろうと述べている。

こうして、触れることに快感を覚えるようになったのがヒトである。ヒトにとってスキンシップは、他人と感情的な交流を深め、深い満足と喜びをもたらす。

皮膚感覚をなくす「快」

人間にとって、皮膚が溶け合うような経験はまさに快である。たとえば、サッカーのサポーターが一丸となって同じチームを応援するようなとき、自分の境界としての皮膚が溶け、一つの大きな集団という生き物と一体化したような感覚をおぼえるだろう。若者に人気のクラブにしても、暗い中、おおぜいで身体を揺り動かし踊ることで、自分の皮膚感覚が脱落し、より大きなものと一体化するような錯覚に陥るはずである。

陽が落ちてから集団で火を囲んで踊ることで、トランス状態に入っていくような宗教的行事が多くの文化で見られる。深いトランス状態に入ると幻覚を体験することがあるが、そのとき自分の皮膚感覚が脱落し、自身がより大きく膨張したような高揚感をおぼえるという。それはまさに皮膚感覚がなくなったことから得られる「快」である。

皮膚は常にいろいろなモノに触れており、その情報は途切れることなく無意識のうちに脳に送り込まれ、自他の境界が意識されている。しかし深いトランス状態や催眠状態に入ったとき、皮膚感覚は脱落することがある。それは自他の境界感覚がなくなり、自己が拡散し膨張するような快の感情を呼び起こすものである。

ヒトは本来、他人に接すると恐怖や不安を感じるようにできている。しかし、その感覚は幼少期のスキンシップによって克服され、人との接触を快だと思えるように変わっていく。体の一つ一つの細胞が、他の細胞と細胞膜をくっつけ合って、それぞれのはたらきをまっとうしているように、人と人とがくっついて社会を構成している。

くっついていないと、皮膚は無性にそれを欲する。現在問題になっている引きこもりや気まま過ぎるフリーター、不登校といった問題の根には、他者と身体をくっつけている喜びを感じられず、むしろ堅い鎧として皮膚をまとっていることも原因の一つとしてあるのではないかと思う。

快・不快の経験と心の発達

以上みてきたように、「快・不快」の感覚は、「痛み」「痒み」「圧」「くすぐったさ」「冷・温覚」すべてが関わる感覚で、いわば「感覚の元素」であるといえる。そのためすべての感覚は、根っこでこの「快・不快」感覚につながっており、しかも、これらのどれとも異なる特徴をもつ。

心の健全な成長のためには、このもっとも根本的な感覚を、十分に刺激しなければならないことが、これまでの知見から分かる。それも「快」だけに偏るのではなく、「不快」も同じように刺激することが大切だ。「快」だけに偏ると、たとえば偏食や我がまま、自己中心的な心に育つ危険がある。不快な刺激は、危険が迫りつつある警告信号として学ぶだけでなく、社会生活の中で、思い通りにならない不快な感情に耐える耐性も身につける必要があるからだ。

この点について、アメリカの発達心理学者ドウェックが、興味深い実験をしている。

彼女は無気力な傾向のある小学生一二人を、六人ずつ二グループに分け、算数のテストをした。

このとき、一方のグループには、全員が正答できるようなやさしい問題が出された。他方のグループには、半数が間違える程度のややむずかしい問題が出され、失敗した悔しさや悲しさといった不快感を体験することになる。ただし、子どもが間違えたとき、「もう少し一生懸命やるべきだったね」と声を掛ける。

それぞれのグループに二五日間にわたってテストした後、すべての子どもにきわめてむずかしい問題が与えられた。すると不快感を体験していた子どもたちは、その問題を解こうと一生懸命に努力し続けたのに対して、不快感を体験しなかった子どもたちは、すぐにあきらめてしまった。

この実験から、子どもにはある程度の不快感も必要なことが分かる。ただし、彼女の実験では検討されてはいないが、最初から失敗する問題ばかり与えられていたとしたら、それはそれで無気力になってしまっただろう。

また、単に不快体験を与えればよいのではなく、それに対する適切な対処(意味付け)もまた大切である。不快を感じたとき、子ども自身に解釈や意味付けをさせると、好ましくない行動につながることがよくある。ホウレンソウは「まずいから食べない」、苦手な人とは「付き合わない」といった具合に、きわめて短絡的になる。それを放っておいたら、不快を避けるだけの我がままな心に育ってしまうだろう。「なぜホウレンソウを食べないといけないか」、「苦手な人とどう付き合うか」といったことをきちんと教える必要がある。

また、子どもがそのような苦手を克服しようと少しでも努力したら、頭を撫でて大げさに褒めるなどして、快の感情と結びつけることも必要である。演歌などに「痛み(悲しみ)の数だけ強くなれる」というようなフレーズがよくある。痛みや不快な感情を克服してこそ、心は大きく成長するのだ。

一方、「快」は「不快」の裏返しでもある。「快」は不快な刺激から逃れるだけでは得られない。たとえば人間にとって、達成感は非常に大きな快をもたらす。不安や苦痛、恐怖や悲しみなどの不快な感情に耐えて乗り越えたとき、本物の快が得られるのではないだろうか。

第6章 皮膚感覚と心

6-1 触覚の特徴

心を育む皮膚感覚

何かに触れるとさまざまな感覚が生まれる。それらは、単純な生理的レベルで感じられるものから、複雑な心理的影響を受けるものまで多彩である。とくに心理的な影響が大きい「痛み」、「くすぐったさ」、「気持ちよさ」の三つは、心を育むためにきわめて大切な感覚だといえる。

これらの皮膚感覚は、ある程度は生まれつき備わっており、感情と直結して本能的な行動を生み出す。たとえば「痛み」は、危険を察知し、他人の痛みに共感するために必要な感覚である。したがって、子どもを危険から遠ざけ、痛みを知らぬまま過保護に育てるのは、心の発達にとってはむしろ悪い影響を及ぼすだろう。

また、くすぐったさは、母子の絆を深め、恋人や夫婦仲をとりもつ感覚でもある。

あるいは、他人に触れる気持ちよさは、乳幼児期に養育者と快適な皮膚の接触をすることによって育まれる感覚である。そこで親子のスキンシップは、将来の対人関係の形成にまで大きな影響を与えているのである。

健全な心を育てるためには、これらの皮膚感覚の経験を積んでいかなくてはならない。これらの原始感覚系を「心の根っこ」として大切に育てるのはもちろんだが、それだけでは不十分で、同時に識別感覚系も丁寧に育てなければならない。さもないと、本能的な行動へのコントロールがうまくはたらかなくなってしまうからである。

この識別感覚系（触覚）の特徴を浮き彫りにするために、他の感覚（とくに視覚）と比べてみたい。

触覚が視覚を育てる

今から二〇〇年以上も前にイギリスの哲学者バークリーは、「視覚によって得られる距離や形、位置や大きさ、といった空間観念は、すべて触覚のはたらきに負うもので、視覚の直接の対象は光と色だけである」と考えた。つまり「見る」ことで、モノの奥行きや形などが分かるためには、触覚的な経験が必要不可欠だというのである。

同じように解剖学者の三木成夫（一九二五〜八七年）は、「乳幼児の頃に舌や唇で舐めることが知覚の基礎を作る」と述べている。つまり、触覚は視覚の基盤で、たとえばコップを見て「丸い」と感じるのは、その視覚の奥底に、幼児期にコップの縁に沿って何度も舌でなぞった感覚の記憶が横たわっているからだというのである。

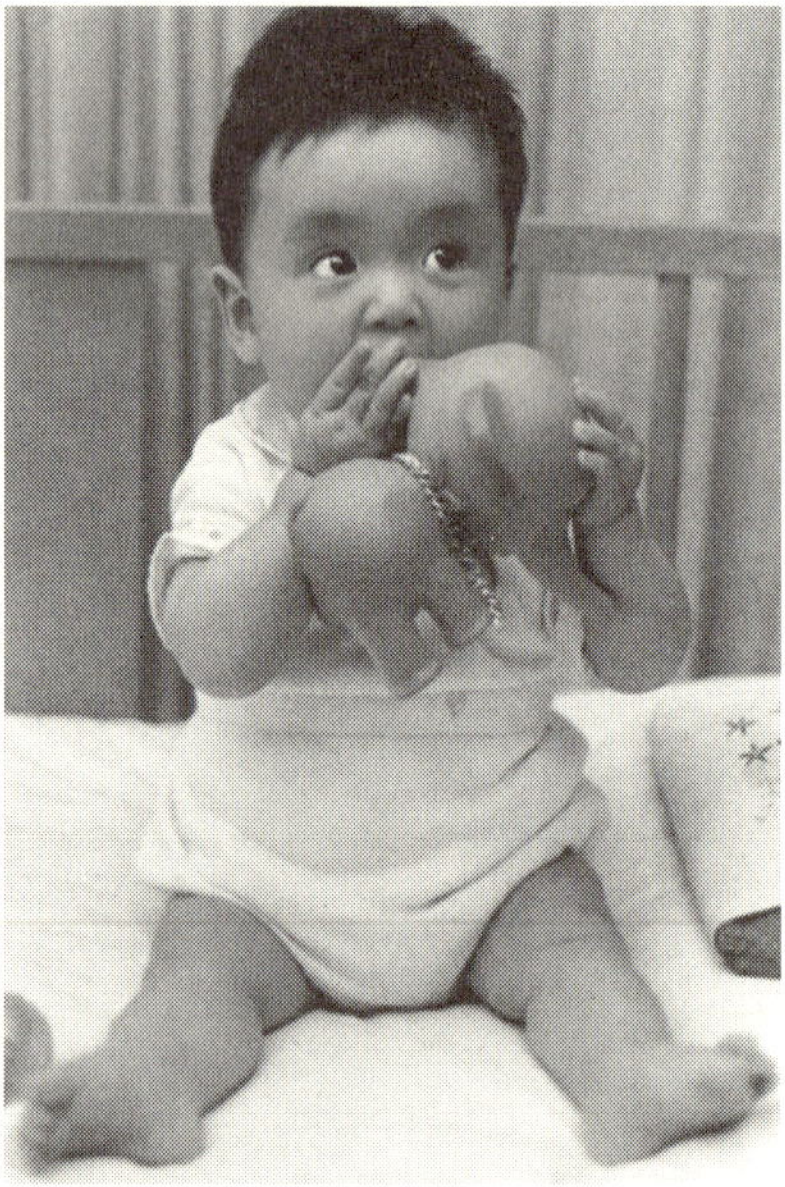
写真6−1　赤ん坊は舐めて確かめる

たしかに、赤ん坊が何でも口に含みたがるのは、モノを認識するためでもある。生まれたばかりの赤ん坊の視力は極端に悪い。そこで視覚よりも、生まれつき敏感な手や指、舌や唇の触覚をフル活用して、モノを認識する基盤を築いているのであろう（写真6−1）。

　このような考えが正しければ、深い示唆を含んでいることになる。しかし残念ながら実証されていない。

そこでとりあえず、外界を知覚するとき視覚と触覚とではどう違うかを見ていこう。

視覚が優先される

　視覚の情報処理はパラレル（並列）処理、触覚のそれはシリアル（時系列）処理といわれる。視覚では、見るモノとその網膜像が同時に存在する。それに対して触覚では、触れるモノと触れている感覚は同時に存在していても、手を動かして認知するために、その刺激は時系列パターンとして脳で処理されるのである。

それでは視覚と触覚はどちらが優位なのか。その答えは、視覚的な情報と触覚的な情報を、矛盾させてみると分かるだろう。

アメリカの知覚心理学者**ロック**と**ハリス**は、網膜像を二分の一に縮小するレンズを掛けた被験者に、見ているモノの大きさを判断してもらった。それは一辺が一㎝のプラスチック製の正方形なのだが、実際に触って感じる大きさの半分に見えているわけである。

すると、ほとんどの被験者は「見え方」と「手の感覚」が矛盾することに気づきさえせず、見た目の大きさで判断していた。

次に正方形が長方形に見える装置を使って、同じモノを判断してもらった。すると触った感じは、見た目に影響されて長方形に思えるのだが、眼を閉じた瞬間に、それが正方形に変形したように感じられたという。

このように、視覚と触覚が矛盾するときは、視覚の方が優位だといえそうだ。

触覚に比べて視覚が優位だ、とする研究は他にも数多くある。

たとえば、視覚は、離れたモノを捉えるため、前方の広い範囲を一目で捉えることができる。

それに対して触覚は、モノに触れている面積が非常に限られるため、そのモノのごく一部分しか捉えることはできない。このため視覚が触覚に比べて優位だと考える学者もいる。

しかし厳密にいえば、視覚でもピントがあう範囲はあまり広くはない。そのまわりを捉える周辺視野は、必要に応じて特定のモノを視野中心で捉えるように合図する監視役にすぎない。

そのため、視野を狭めると触覚による知覚と似てくることも、いくつかの研究から裏付けられている。

視覚と触覚の錯覚

このように、視覚と触覚では、よく似た錯覚が起きるのだ。

図6-1は古典的な錯視図である。同図aでは、矢尻で同じ長さに区切られているのだが、左側が長く見える。同図bでは、縦棒と横棒は同じ長さだが、縦棒が長く見える。同図cでは、一直線の斜棒がずれて見える。そして同図dでは、同じ大きさの太線の○が、左から右へ小さくなっていくように見える。

この錯視図形を触覚にも応用する。点字のように線や円を浮き立たせ、その長さを目をつぶって指先で判断してもらうのだ。すると、視覚よりも差は少ないが、触覚的な判断でも同じような錯覚があることが確認された。

また、少し離れた二つの光点を適当な間隔で点滅させると、一つの光点が往復運動をするよう

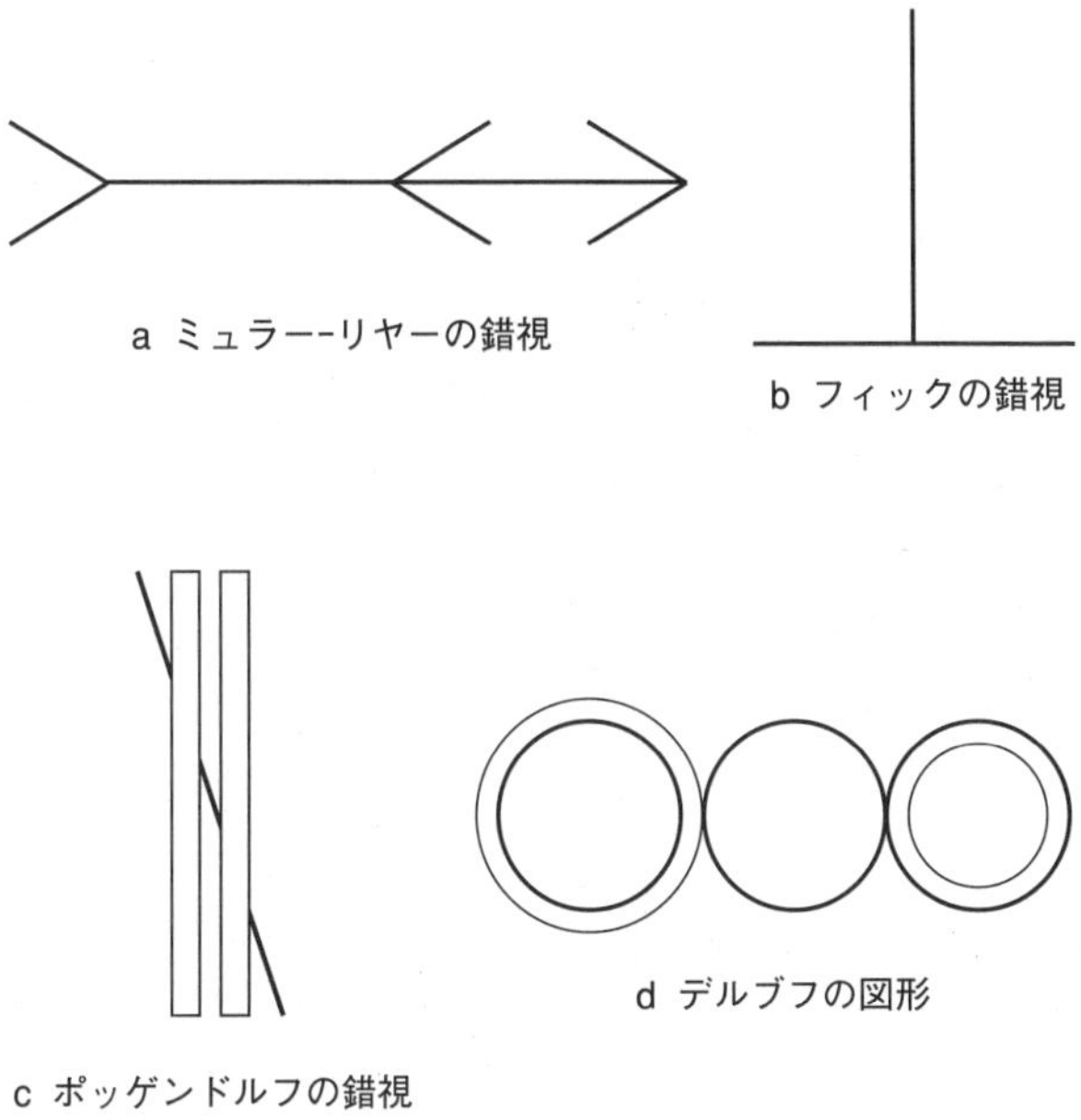

図6−1　古典的錯視図形

に見える。映画や電光掲示板は、この現象を応用したものだ。これを**仮**《か》**現**《げん》**運動**という。同じ現象が触覚にもあることをジェルダードらが発見した。

　彼らは手首、肘、その中間にバイブレータを装着し、そこへ順番に（手首→中間→肘）トントンという刺激を与えてみた。すると、その刺激が切れ目なく腕をのぼっていくように感じられたのである。それはまるで、小さなウサギが腕を跳ねていくような感じだったため、**皮膚上のウサギ現象**として知られるようになった。

　その後、多くの研究者がこの現

象に注目し、体の至るところで「ウサギ」を跳びはねさせられることや、「ウサギ」を二匹跳びはねさせることもできることが分かっている。

こうした実験から、視覚と触覚を比較した場合、やや視覚の方に軍配があがるといえよう。これまでの研究でも、同じような結論に至った例は多い。

しかし、依然として触覚の方が優れていると結論づける研究も少なくない。現段階では、単純に視覚が有利だという結論は下さないほうが賢明だろう。

次に、視覚以外の感覚と、触覚との関係について検討してみる。

共感覚

乳児の五感は混沌とした未分化の状態にあるといわれる。彼らは、たとえば母親を見るときも、視覚で捉えるだけでなく、その肌の温もりや胸元からわき立つような甘い匂い、やさしく包み込むような声なども同時に感じている。

乳児期を過ぎる頃になると、さまざまな経験を経て、視覚や聴覚などの感覚の分化が進んでいく。乳幼児は世界を舐め、触り、嗅ぎ、聴き、見ることで自らの感覚を磨き、完成させ、分化させていくのである。

だが、これらの感覚は完全に分化されるわけではなく、大人になってもかなりの部分が重層的に重なり合っている。これは**共感覚**あるいは**シネステジー**（synesthesia）という。「シン」というのはシンフォニーと同じで「いっしょに」という意味、「エステジー」は「感覚」である。

まれに特定の音から特定の色が見えるという人がいる。それは必ずしも特殊な能力ではない。じつは日常生活では誰でも、多かれ少なかれそのように知覚しているものなのだ。

たとえば「黄色い声」というのがある。これは女性や子どもの甲高い声を、色を使って感覚的に表現した言葉だ。あるいは、樹木を見ているだけで、その温かさ、質感、幹のゴツゴツ感といった触覚的な情報が、湧き上がってくる。かつて同じような樹木に触れたことがあるからこそ湧き上がってくる触覚的な情報である。

触覚とは、視覚情報にリアリティを与えるものでもあるといえよう。

これについて哲学者のミンコフスキーは、「もし触覚がなければ、他の諸々の感覚で捉えた世界の相貌はすっかり変わってしまうだろう。その内部に視点や凝集力がなければ、世界は雲散霧消してしまうだろう」(『精神のコスモロジーへ』中村雄二郎／松本小四郎訳　人文書院)と述べている。

私たちは、触覚を頼りに、世の中を具体的に確信をもって捉えることができる。そして具体的なモノの存在を確信できるからこそ、それから離れた抽象的な思考や想像をすることも自在にできるようになるのだ。

6-2 触れることが育む心

自己の把握

次に、他の感覚にはない触覚の独自性について検討してみよう。

触覚の独自性は、アクティブタッチを可能にする固有感覚にある。それは触覚といっしょになって環境を探り、さらに環境を変える機能をもつ。単なる感覚の入力だけではなく、脳でそれを処理、認知し、思考した結果を出力する。

視覚をはじめとする他のどの感覚も、この重要な機能をもたない。目で見、耳で聞き、鼻で嗅ぎ、舌で味わうことができるが、そのどれもが知覚することで役割を終える。しかし触覚−固有感覚は、それだけでは終わらない。42ページの折り紙の話を思い出してほしい。見たものを組み立てる、手加減しながら調理する、といった「知覚しながら環境を変える」行動には、この触覚−固有感覚が重要な役割を演じているのだ。

それだけではない。固有感覚は、全身の隅々に至るまで感じる感覚であるため、自己の意識とも深く関わっている。

以前、ボランティアで関わっていた施設で、肢体不自由児の体を動かしたり、触ってあげたりしたことがあった。その子どもから「自分の体がどうなっているかが分かった」といわれた。動くことによって、自分の体がどうなっているのかというイメージ（**身体像**）が生まれるのだ。

体を動かすと、まず筋の伸び縮みから固有感覚が得られる。また、全身をもんだり、さすったり、たたいたり、指圧したりすることで、触覚や圧覚その他もろもろの皮膚感覚が刺激される。こうして体のあらゆる場所からの情報の蓄積が、固有感覚をよび起こして、身体像を確固たるものにする。

身体感覚を育てる

固有感覚は生まれつき備わっているものだから普通の人はとくに何かをする必要はない、と思うかもしれないが、じつはそうではない。この感覚は、生まれながらに備わっているわけではない。徐々に育っていくものなのである。

ヒトの受精卵は、受精後一〇週を過ぎる頃には、脊髄の神経細胞が手足の先にまで伸びる。一八週を過ぎると脳の体性感覚野につながり、触覚が生まれていると考えられている。

このころから胎児は指しゃぶりを始める。それはセルフタッチの原型ともいえる行為で、体の感覚によって自らの身体を知る（同定する）行為である。

まず指と唇あるいは口内などで、自分の体に触れたという感覚（触覚）が生まれる。これは、自分の体以外のモノに触れたときには起こらない感覚だ。同時に、指先を口に持って行くときや指をしゃぶるときの、腕や頬周辺の筋肉からの感覚が認識される。

さらに生後二ヵ月を過ぎる頃から、体のいろいろな部位を触って探索するようになる。仰向けになって足を触ったり、足を口に入れたりすることもある。特定の指を舐めることで、それまで一つの塊として感じていた指の感覚が分離する。仰向けになって手で足を掴むことで、手や足の位置感覚が正確なものになり、それを思いのままに動かせるようになることを促進する。

固有感覚によって、自分の体の全体としてのイメージである身体像が形作られ、その効率的な動かし方の基礎が作られるのである。

このような体験を積み重ねることで、ようやく生後一年経つ頃、ヒトは自己とその周囲の環境とを区別できるようになるといわれている。

ただし固有感覚による自己の身体像は必ずしも正確ではない。身体像は誇張され、頭と手や口は大きく、胴体は小さいものだと捉える傾向がある。とくに四、五歳児の描く人物像は、体性感覚野の脳地図（23ページ図1−3参照）を人物化した**ホムンクルス**に似ているようにさえ思える（図6−2）。

子どもが人物を描くと、頭や手を大きく描くことが多いのも、自分の体がそのように感じられ

4、5歳児が描く人物像は、脳の体性感覚野の分布を人物にしたてたホムンクルス（左下）に、どことなく似ている。

図6-2　子どもが描く人物像　日比, 1994より

ているからなのだ。それが視覚的な身体像と合体されて、徐々に正確なものとなっていく。

触覚は知的器官である

触覚や固有感覚を幼少期から育むことの大切さを重視し、実践している学校がある。たとえばドイツの哲学者で神学者でもあった**シュタイナー**（一八六一～一九二五年）が作った学校もその一つだ。子どもの三つのH（Haupt：頭、Herz：心、Hand：手）を育てること、自分の深い内奥にある欲求に気づき、それを実践するため自ら行動する人間を育てることを教育方針にしている。頭脳と情緒と並べて、「手」の教育に力を注いだ点が秀逸である。

また、イタリアの女医であった**モンテッソーリ**（一八七〇～一九五二年）は、医学と教育を結合させる必要性を痛感し、自ら幼稚園を作った。そこでは「手は心の道具である」として、触覚をはじめとするさまざまな感覚を育てることを重視した。

二人の教育の大先達者に共通するのは、さまざまなモノに触れて触覚を刺激する、という教育方針である。触覚－固有感覚を育むことが、感受性豊かな心を育て、さらには自律的な心を確立するためには必要なことを、彼らは長い実践活動から的確に見抜いていたに違いない。

もう一つの例をみてみよう。**アヴェロンの野生児**をご存知だろうか。

一七九七年に、南フランスのアヴェロンの山中で、一二歳くらいの少年が保護された。それまでオオカミに育てられていたともいわれた。医師であり教師でもあった**イタール**が、この少年（ヴィクトールと名づけられた）の教育係となり、多くの報告を残している。

ヴィクトールは最初、食べ物を手で持つこともぎこちなく、手で何かに触れてたしかめることは皆無だった。しかし、壺の中に栗とどんぐりを入れ、どちらかを手触りだけで取り出すような課題を与えられたとき、それまでになく真剣になり、落ち着いて考え込んだという。また金属製の文字盤に触れることで、文字も覚えるようになっていった。

ヴィクトールの手は、最初は動物の前肢のような役割しか果たしていなかったと思われる。しかし手が何かを認識するという機能を獲得していくと同時に、落ち着きを見せるようになり、文字も認識するようになっていった。これを見たイタールは「触覚は知的器官である」とも述べている。

スキンシップが心と体を育てる

次に、触覚のもう一つの機能である原始感覚系の、心との関係をみていこう。

アメリカの発達心理学者**ハーロー**（一九〇五〜八一年）は、生まれたばかりの仔ザルを育てる檻の中に、針金でできた母親の模型と、同型だが針金の上から毛布を巻いた模型の二体を入れた。すると仔ザルは、毛布を巻いた母親の模型から片時も離れようとしなかった（写真6-2）。

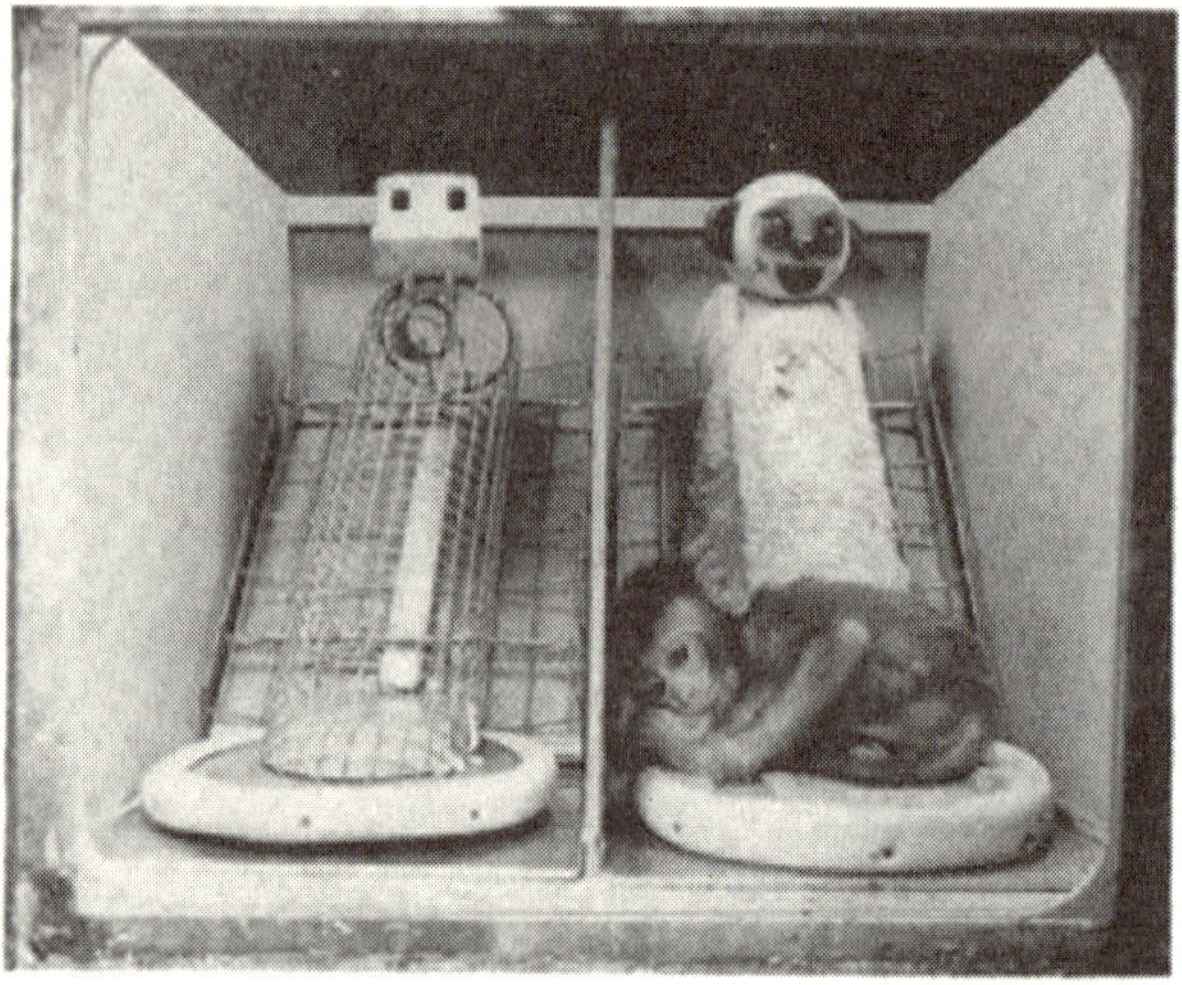

仔ザルは毛布地の母から離れようとしない。

写真6-2　針金の母と毛布地の母　Harlow, 1961より

仔ザルは養育者との温かく柔らかい肌の触れ合いを必要としているのだ。それらがないと情緒不安定になって問題行動を起こすほどである。皮膚への優しい刺激が、情緒を安定させ、ストレス耐性を高める効果があることは、ネズミの実験ではかなり昔から分かっている。

まったく対照的な例として、虐待について考えてみる。虐待には、暴力的に触れる場合（**身体的虐待**）と、まったく触れない場合（**ネグレクト**）がある。それぞれどのような影響があるだろうか。

アメリカの生理心理学者のエレスは、仔ネズミを四つのグループに分け、第一群は優しく愛撫しながら、第二群は乱暴に触れながら、そして第三群はそれらを交互に繰

り返しながら、第四群はまったく触れずに、それぞれ育てた。

その結果は、もちろん第一群のネズミの状態がもっともよかった。次によかったのは第三群のネズミだった。ところが、第二群と第四群のネズミの情緒的発達を比較すると、むしろ第四群のほうに有害な影響が認められたのである。

原始感覚系の皮膚感覚は、延髄網様体などを経て大脳辺縁系の視床など情動を起こす部位に伝わる。この部位は、快適な皮膚感覚を受けたときにもっとも適切に発達するが、乱暴に扱われて不快な皮膚感覚ばかり受けて育つと、歪んだ発達をしてしまう。そして、まったく触れられないで育った場合は、この部位がほとんど発達しない。

ヒトの場合も、身体的虐待を受けた子どもは、情動のコントロールがむずかしく、すぐにキレやすくなったり、他人と肌を触れ合うことを拒絶する傾向がある。それに対してネグレクトされた子どもは、スキンシップの心地よさを知らないため、対人感情が育たずに、他人と親密な関係を築くことができなくなる。また満たされない依存心を埋め合わせるように、逆にやたらと大人たちにべたべたと触れてくることがある。

身体的虐待を受けた子どもに対しては、根気よく、温かく心地よい触れ合いをすることで触覚的な防衛を外していけば、人との信頼の絆を回復させることが可能である。しかしネグレクトされた子どもは、対人感情をゼロから育てることからはじめなければならない。すでに「ある」ものの性質を修正することよりも、何も「ない」ところから何かを育てることの方がむずかしいのだ。
このことからも、幼少期の温かいスキンシップがいかに大切かが分かるだろう。

幼少期のスキンシップと心の成長

幼少期の親子のスキンシップは、幼少期のみならず、その後のメンタルヘルス（心の健康）にも影響を与えていることが著者らの研究からわかってきた。

健常群（大学生）と心療内科の外来患者（抑うつや不安の高い患者）群とで、子どもの頃に親からどの程度のスキンシップをされていたかを比較した。その結果、心療内科の患者は、健常者よりもスキンシップが少なかったと思っていることが分かった（図6-3）。

ラットの研究でも、生後一〇日までに、親から舐められたりグルーミングされたりしたラットほど、将来にわたってストレスへの耐性が高いことが分かっている。早い成長段階でのスキンシップは、子どもの免疫力を高めるのだ。

さらに大学生一五四名を対象に、他人を信頼できない人間不信や、自分の殻に閉じこもって他人との交流を避ける**自閉的傾向**、自分を価値ある人間だと思える自尊心について調査した。一方で、子どもの頃のスキンシップについては、客観的に評価するため、彼らの両親にアンケートをした。

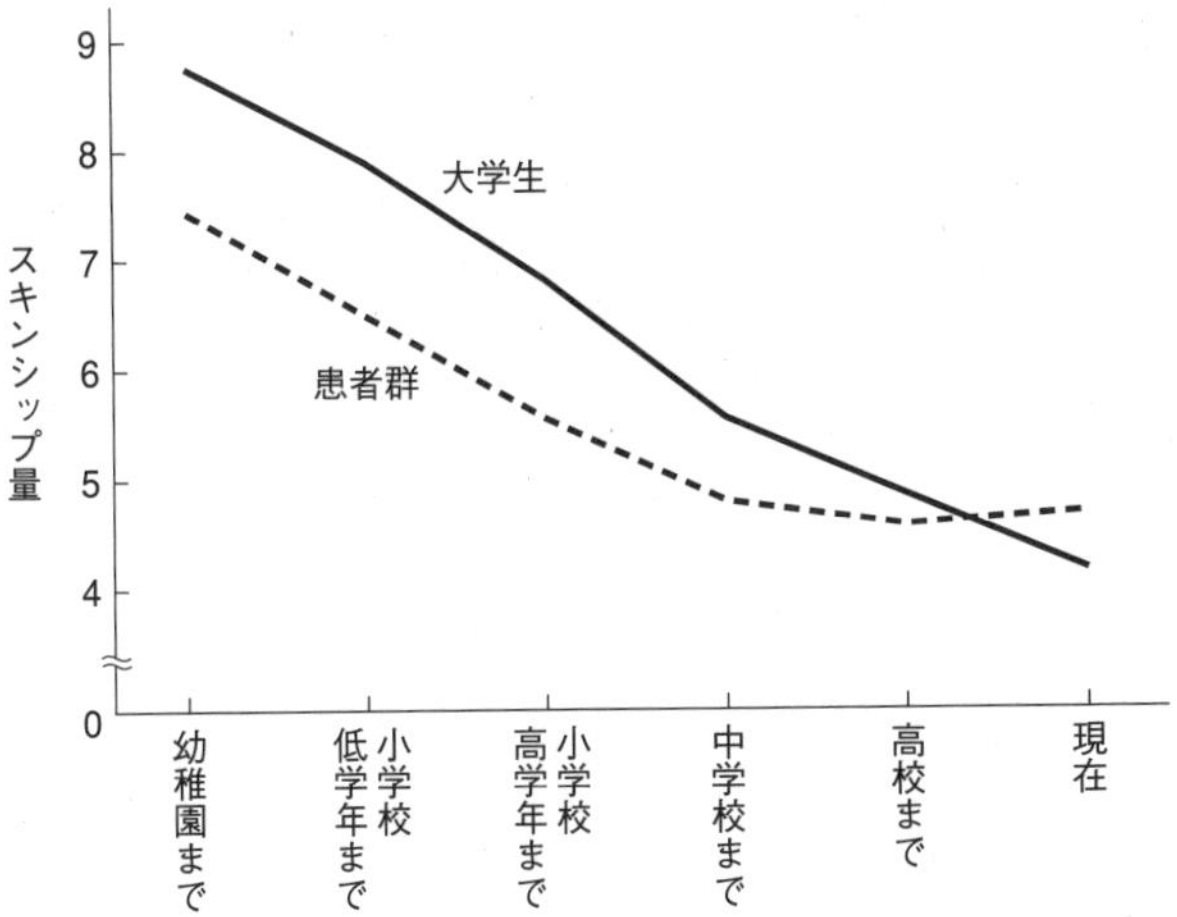

抑うつや不安が高い患者はスキンシップが少なかった。

図6-3　メンタルヘルスとスキンシップ量 山口ら, 2000より

すると、乳児期に母親とのスキンシップが少なかった大学生は、多かった大学生よりも、人間不信や自閉的傾向が高く、また自尊心が低い傾向にあることがわかった。

これらのことからも、子どもの頃に両親とどれだけスキンシップしたかは、意識していなくとも、将来にわたって、その人の心に影響を及ぼし続けるということができるのである。

ネグレクトの影響

それでは、触れられることの少なかった子どもはどうなるだろうか。著者は保育所で次のような調査をした。

まず園児約一〇〇名の母親について、普段、家庭でどれくらいスキンシップしてい

るかを調べた。その一方で、保育所で初対面の保育士がひとりひとりの園児を抱き上げて握手する様子をビデオ撮影し、そのときの園児の表情や抱かれている様子を分析した。

すると意外なことに、保育士に抱かれて喜んでいたのは、家庭でのスキンシップの少ない園児だった。家庭でのスキンシップが多い園児は、むしろ喜ばなかったのである。これはおそらく、家庭でのスキンシップが少ない子どもは、たとえ初対面の人からでも触れられて抱きしめてもらうことを求めているのだろう。第4章で紹介した、仲間から隔離されたラットが、たとえ人間からでも触れてもらいたがるのと同じ現象かもしれない。

親にほとんど抱かれたりあやしてもらったりすることのない子どもは、寝ているときに頭をベッドに激しく打ちつけたり、自らの体を傷つける**自傷行為**に走ることがある。

また、一九七〇年代にアメリカの心理学者プレスコットは、たくさんの非行少年たちを調査した結果から、体への接触や触れ合いの不足は、抑うつや自閉的な行動、多動、暴力、攻撃、性的逸脱などの情緒障害の原因になると考えた。

幼少期に皮膚感覚への適切な刺激が不足すると、大人になってからはそれを埋め合わせるように、無意識のうちに歪んだ形で皮膚感覚を刺激する行動に走ることがある。体のさまざまな部位へのピアスや刺青をし、果てはリストカット（手首自傷症候群）に至るまで、自傷行為が多くなる。こうした極端な手段で皮膚感覚を呼び覚まし、欲求不満を解消するのだろう。

感覚統合療法

アメリカで作業療法士として障害児の研究をしていた**エアーズ**は、多くの臨床例や自らの研究から、学習障害や自閉症などの子どもが示す症状は、触覚や固有感覚、平衡感覚を司る前庭覚、そして視覚などのさまざまな情報を、脳でうまく統合できないことが原因だと考えた。たとえば、落ち着きなく動き回ったり、体をこわばらせて異常な姿勢をとったり、異常な触覚を示すといった症状は、脳幹とくに網様体のはたらきに問題があるために起こるとした。

学習障害といえば、まず、学習という高度な機能を担う大脳皮質に障害があると考えがちだ。しかしエアーズは、その前段階で感覚の統合を担っている脳幹レベルの機能を重視した。たとえば円滑に学習するためには、椅子に正しい姿勢で座っているとか、鉛筆を握る手の力の入れ具合を体得することなど、その基礎となる脳幹レベルの統合を確立する必要がある。

そこで、学習障害や自閉症などの子どもが示す症状をなくすためには、脳幹にはたらきかけることが必要となる。これを**感覚統合療法**という。

たとえば新しい運動が学習できない学習障害の子どもには、マット運動のような全身に力を入れる運動や、ボタンを留めるような細かな運動を指導する。また触覚が過敏になっている自閉症児には、小麦粉粘土をこねたり、絵の具を直接指や手の平でのばして絵を描くフィンガーペインティングを使って、触感に馴《な》れさせる治療法を用いている。

触覚防衛

エアーズは、感覚統合療法のなかでもとくに触覚の機能を重視している。たとえば注意が散漫で、落ち着きがなく、ちょっとしたことですぐ怒り出すといった学習障害児の社会性のなさと、彼らの触覚に対する過敏さとの間には密接な関係があると考え、その触覚の過敏さを**触覚防衛**とよんだ。

これは、日焼けしたときを考えるとわかりやすい。日焼けして赤く腫れた肩や背中に他人が触ろうものなら、飛び上がってびっくりしたり、腹を立てて思わず手が出てしまうだろう。あるいは実際に触れなくても、他人が近づくだけで不快に感じ、過敏に反応してしまうだろう。

このような反応はすべて、もともと自分の身体を守るために本能的に起こることだ。攻撃を受けたら致命傷になる首回りや顔面、頭部、脇腹、また逆に攻撃に使う爪や歯を他人に触れられることを嫌がるのである。

このような傾向は誰にでもあるが、触覚防衛がある人は通常の程度から大きくはずれ、日常生活での散髪や歯磨き、爪切りなどにまで拒否反応が出てしまう。また、べっとりとまつわりつく感触や、チクチクした肌触りを、得体の知れない感覚としてことさら嫌がる。

　このような人は健常の人とは異なった触覚をもつようで、たとえば尖った鉛筆の先で軽くつつかれるというわずかな触刺激でも、針や電気ショックのような強烈な不快や恐怖を感じるのである。また、頭を撫でられたり、肩に親しげに手をかけられることにも不快を感じる。とくに、くすぐられることには極度な不快感を覚える。また背後から体に触られたり、不意に触れられるのも苦痛だ。たいていの子どもが喜ぶ、ふさふさ毛のぬいぐるみも苦手である。

　その一方で、快いと感じる触刺激を執拗に探し求めようとすることもある。

　なぜ触覚に、異常なまでに敏感になってしまうのだろうか。

　26ページで紹介したように、皮膚から脳への伝導路は二つあり、このうち後天的に脳に備わった識別感覚系は、本能的な原始感覚系が暴走しないように、ブレーキをかける仕組みが備わっている。そのおかげで、私たちは何かに触れることに過度にこだわったり、過度に嫌悪感を持つことなく日常生活を送ることができるのだ。ところが触覚防衛がある人は、二つの触覚系が脳の中で統合されていないため、本能的な原始感覚系のはたらきが随所で現れてしまうのである。

抱きしめる効果

　このような子どもに対しては、識別感覚系を鍛えることで症状を改善することができる。たとえば、母親のエプロンのポケットに入っているオヤツを取り出す遊びである。ポケットの中には関係のないものもいくつか入っていて、その中から手触りだけでオヤツを選んで取り出すのだ。

こうして識別感覚系の触覚を鍛えて、原始感覚系による防衛行動が抑制されるようにするのである。

また、「圧」の触刺激を与えれば、興奮している子どもを落ち着かせることができる。

触覚の特徴の一つに、素早い周期の刺激は神経系を興奮させ、ゆっくりとした圧刺激は落ち着かせる作用がある。たとえば裸足で寝転んでいるとき、突然、誰かが足の裏を棒ですばやく触れたとする。たとえそれで痛みを感じなくても、びっくりしたり不快感をもよおすだろう。それに対して、ゆっくりした強い圧迫刺激だったら、それほどびっくりしないはずだ。

一般的には、手の平などで軽くさするのは「弱い刺激」だと思われているが、そうではない。むしろ、指圧のように圧をかけるほうが、弱い刺激なのである。

このような触覚の特徴は、実際に自閉症の症状をやわらげるために応用されている。

たとえば自閉症児の多くは、体に触れられることに我慢できない。ところがその一方、不安感が強まると、同時に身体の拡散感が強まるので、全身を締めつけられることを望んでいる。アメリカの臨床現場では、**締めつけ機（スクイーズマシーン）**なるものがあって、自閉症児の多動や注意の集中の困難といった症状や、不安症状の改善に効果をあげている（写真6-3）。

不安や興奮が高まると、自分からその中に入っていく子も多いという。

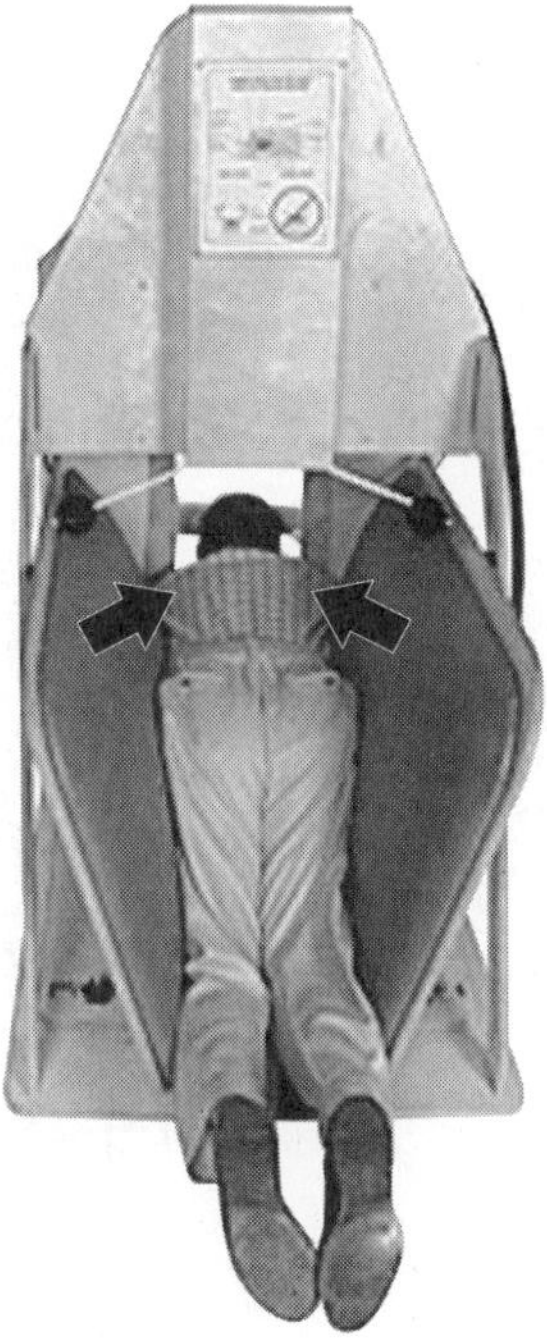
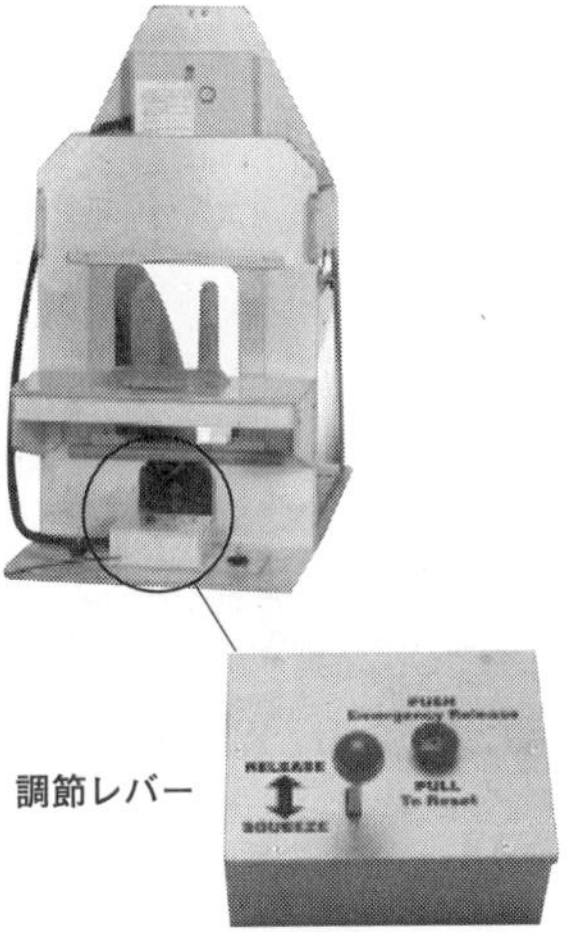

２枚の締めつけ板の間に横たわり、両側から締めつけてもらう（左）。締めつけの強さは、手許のレバーで調節できる（右）。

写真6-3　スクイーズマシーン

http://www.therafin.comより

同じような考えで、子どもをきつく抱きしめる**抱っこ療法**も効果をあげているようだ。

家庭でも、布団などを使って圧迫刺激を与える方法がある。厚めの布団で子どもを包み、布団の上から背中などを押してやると落ち着くことがある。

自閉症児にかぎらず、元来、子どもは体を軽く締めつけられたり、抱きしめられることが好きだ。一八〇ページで述べたように、ヒトにも趨触性の本能の名残があるのかもしれない。

6-3 視覚時代の皮膚感覚

さまよえる触覚

私たちは、外部情報の実に七〇%を視覚から得ているといわれる。しかし、本来のヒトの感覚の中では、視覚がこれほど際立っていたわけでもなかろう。

西欧では、一二世紀までは触覚優位の時代が続いていた。たとえば当時の人々は、神の救済を得るためには、教会の祭壇や柱、聖像などに、何よりも「触れる」ことが大切だと信じていた。腹痛なら腹を、頭痛なら頭を、聖なるものに触れることで癒そうとした。

中世キリスト教では、自らの罪を贖《あがな》うためにと、鞭打ちや冷水に浸かるといった苦行をしたり、キリキウムというヤギの毛でできた剛毛の贖罪《しょくざい》服をまとったりした。このように傷だらけにした体を神に捧げるという慣例は、触覚による贖罪を偏執的に深めたものだといわれる。

ところが、中世初期には非常に高かった触覚の地位は、中期から後期にかけて低落していく。それどころか、逆に罪と穢《けが》れをもたらす感覚とされるようになってくる。そして、触覚を通じて「不可触民」という差別が生まれた。

人々は、穢れた者に触れると穢れや災いが伝染すると信じた。触覚は聖性を伝える感覚から、穢れを伝える感覚へと凋落《ちょうらく》したのである。それとともに、人々は次第に、聖なるものを「見る」だけでも魂の救いになると信ずるようになり、視覚の時代の幕開けとなった。

日本人の触感覚

それでは日本人の触覚はどうだったのだろうか。日本人も昔は触覚に実に敏感だったことは容易に推測ができる。

たとえば、大森貝塚で知られるモースも記しているように、明治時代の日本人は半裸に近い姿で生活していた。その理由のひとつは、当時の日本人が空気の肌触りの良さを知っていたからであるとされる。子どもが裸になると急にはしゃぎ回るのも、空気の肌触りが心地よく嬉しいからだろう。

あるいは**オノマトペ**である。これは擬声語や擬態語のことだが、触覚に関するものが圧倒的に多いという。作家の安部公房は次のように述べている。

「以前、ある物性研究所でおもしろい実験が行われた。たとえばガム、粘土、プラスチック、餅、ゼリー、ナメクジ、パテ、蠟《ろう》、膠《にかわ》、水飴……など、粘性のある物質をそろえ、それぞれにA、B、C、D……と符丁をつけ、暗箱に入れて各実験者に指で触らせる。つぎにネチネチ、クチャクチャ、ネトネト、ベタベタ、ペタッ、ピチャピチャ等の擬声語を列挙した紙に順次該当する感覚を選んで丸をつけさせる。大半の研究者は、漠然とした傾向が現れるとしても、全体としては無法則で、拡散した結果を予測していたらしい。ところが意外にも、指先のアナログ感覚と擬声化されたデジタル表示は、ほぼ百パーセントに近い一致をみたのである。さらに驚くべきことは、こうした精巧な擬声語をあやつれるのが、日本人だけだということだ」(「ネチネチ、クチャクチャ、ベタベタ」『芸術新潮』五〇〇号)

他にも、日本の伝統的な着物は、何よりも生地の風合《ふうあ》いが重視された。それは外観的な印象も含まれるが、特に触ったときの「張り、かたさ、しなやかさ」といったものが品質を左右するため、日本の着物の染織の伝統は文化となってその技術を深めていった。西洋の視覚性を重視した洋服とは対照的である。

また日本各地に伝統の技が花開いた陶芸も、陶土を手でひねって創り出す触覚の芸術である。

現在の日本にも、触覚の技の伝統が見られる。大工のカンナ削りの精確さ、中小の工場で工作機械を操る匠の技、和食の板前による巧みな包丁さばき、ヒヨコの雌雄の判別(肛門付近にある突起の有無を指先の感覚で判別する。日本人の技術は世界的に評価されている)、など多方面で日本人の触覚の技は生き延びている。折り紙、畳、木造建築なども触覚的な造形物だといえるだろう。

さらには、現在でも続いている日本人の伝統的な所作振る舞いである、「玄関で靴を脱ぐ（足の裏の感覚が呼び覚まされる）」、「座布団を裏返して渡す（自分の座っていた座布団に熱があると失礼になるから）」といった作法、あるいは食事道具は「食事はオレの箸、わたしのお茶碗」でないといけないし、「熱い湯のみに把手をつけない」のは、それを手でも味わう魂胆があるからだといわれる。

触覚の危機

しかし、そのどれもが存続の危機に瀕しているものばかりだ。現代では触覚にとって代わり、視覚の優位性が加速されている。その契機は二つあった。

一つはラジオに代わるテレビの登場である。これは圧倒的に視覚優位の情報である。その他のメディアを圧倒する即時性を武器に、瞬く間に世界中に広がった。もともとヒトは視覚的な動物なので、視覚を満足させれば他の感覚の欲求は意識されなくなってしまうのである。

二つ目はパソコンの登場だ。パソコンも視覚による情報機器である。パソコンはインターネットに繋がれることで、爆発的に広まった。テレビにはない双方向性を実現し、あらゆる情報を収集することができる。

こうして、視覚が他の感覚を圧倒してしまったのである。

もちろん、他の感覚もそれなりに満たされている例もある。たとえば聴覚は、テレビに疲れた人がラジオに回帰していくし、新しい音響機器も開発されてきた。嗅覚については、臭いが嫌われ駆逐されてきたが、一方では、アロマテラピーなどが見直されている。味覚については、グルメ志向の世の中ではむしろ敏感になっているかもしれない。

そんななかで、相変わらずなおざりにされているのが触覚ではないだろうか。至る所に「さわらないで下さい」という警告が張り出されている。触れるものといえば、人工的なツルツルスベスベといった単調な感触の工業製品ばかりだ。しかし自然界にはそのような感触は存在しない。一つ一つが個性的で、多種多様な触感があふれているのが自然界だ。

前述のようにネットによって、洋服でもシーツでも何でも、感触を手で確認せずに、注文できる。社会全体が過保護化する中で、子どもたちは痛みからも遠ざかって生活している。暑くもなく寒くもない、快適に空調された部屋では、体温調節の必要性も少ない。彼らは皮膚の温度感覚も鈍く、体温調節もうまくできないことが指摘されている。

街ではマッサージが流行っているが、ここまで述べてきたように、スキンシップは日常的に行うべきものである。時折のマッサージでは、心の癒しまで期待することはできない。

視覚的な情報の価値が未曾有の発展を遂げた陰で、触覚はなおざりにされてきた。とりわけ視覚、味覚、聴覚、嗅覚を簡単に満足させることができる先進国では、人々は触覚の飢餓に瀕しているといえるだろう。

触れることへの抵抗感

こうして、現在の私たちを取り巻く環境は、他人やモノに直接触れることが少なく、視覚的な情報だけが際立っている。日常生活を見ても、何かに触れることがあまりにも少なくなった。子どももも昆虫やカエルなどの生き物に触れない。清潔志向の親は、子どもが何かに触れようものなら、「バッチイからだめ」と禁止する。

触覚によって湧き上がる愛情や親密感、気持ちよさといった感情こそが、生きていくための根本となるエネルギーを与えてくれるものだ。それなのに、なにかに触れることが少なく、視覚的な情報だけを頼りに育つことに弊害はないか、考えてみる必要があろう。著者はこのような問題意識から、モノに触れたり、他人から触れられたりすることへの抵抗感（**触覚抵抗**）と、性格との関係について調査してみた。

大学生四〇〇名を対象に、それぞれの触覚抵抗と、情緒の安定性や心身の健康度を測定し、両者の関連について検討した。するとまず、モノに触れる抵抗感が強い人ほど情緒不安定の傾向にあることが分かった。触れることが少ないことによる、識別的な触覚刺激の不足が、そうした問題の原因となっていると考えられる。

さらに、他人に触れられる抵抗感が強い人ほど、情緒不安定の傾向があり、心身の健康度も低いことが分かった。これについては著者が以前に行った研究からも、他人に触れられることに抵抗感が強い人は、幼い頃に親とのスキンシップが少なかったと自己評価することや、そのような人は、心理的に不適応の傾向が高いことも分かっている。

そこで、他人に触れられる抵抗感の強い人は、幼い頃に大人たちとのスキンシップが少なく、それが心理的な不適応を高め、心身の健康度が低いのではないかと考えられるのである。

触覚を意識する

ではリアルな触覚が乏しい現代社会に生きる私たちはどうしたらよいのか。

前述の触覚防衛を示す子どもは、男児のほうが女児より多い。同じ年齢の男児と女児を比べると、触覚的な判別能力は女児のほうが早く発達する。女児は人や物などに対して、積極的に触れてそれが何かを知ろうとする傾向が強いのだろうか。

また各国の研究をみても、ほとんどの文化で、日常生活では女性のほうが他人とのスキンシップが多いという。著者の研究でも、男性のほうが女性よりも触覚抵抗が強い傾向があった。パウダービーズ（ごく小さなビーズ）のクッションや、肌触りのよい下着を好むのもたいてい女性だろう。女性は触覚に敏感な「触覚的人間」といえるかもしれない。

一方、男性は触れずに距離をおいて見る傾向が強く、たとえば視覚的な刺激だけでも性的に興奮することからも、「視覚的人間」といえるかもしれない。だからこそ、男性は何かに触れて感じることを、もっと経験するべきだと著者は考える。

普段着るシャツやズボンや靴下を、色柄だけでなく、肌触りで選んでみる。常に皮膚に触れているものだけに、皮膚に心地よく感じられるものがよい。パジャマや枕、シーツなどを変えてみるのもよいだろう。普段はほとんど無意識にそれらに触れているだろうが、ときに触感を意識してみるとよい。

ボールペンのグリップの感触（柔らかいゴム製のものなどもある）が違えば、握り方も変わり、筋肉の使い方も変わる。椅子の上に敷くクッションを、気分によって変えてみる。仕事に集中したければ硬いもの、リラックスしたければ柔らかいものがよいだろう。

ランチやおやつを食感から選んでみるのもいいだろう。リラックスしたいのならふわふわのスポンジケーキやぬるめのコーヒー、刺激が欲しければパリッとしたせんべいと熱いお茶、あるいは舌の上ではじける炭酸飲料がよいかもしれない。

もっと積極的に触覚を鍛えるなら、マッサージや指圧を受けるのも効果がある。最初は緊張していても、その気持ちよさにうっとりと夢見心地な気分に浸り、触覚のもつ威力を実感されるに違いない。

休日には、自然と直接に触れてみよう。生理学者の宮崎によると、ガラス面に触れると血圧が上昇するのに対して、ヒノキをカンナで削った面やノコギリで切った面に触れるだけで、血圧は低下するという。近場の温泉に足を運んでもいいし、ちょっとしたガーデニングでもいい。自然のものに触れることは、心に安らぎを与えると同時に、太古の記憶を蘇らせることから、生きる活力を与えてくれるだろう。

あるいはイヌやネコなどのペットを飼うのもよい。著者の研究でも、幼少期にペットを飼った経験のある人は、ない人よりも、情緒が安定し、他人への共感度も高かった。ペットに触れることによる「癒し効果」は抜群である。

皮膚感覚として何かおかしい、不足していると感じ始めた大人たちは、自分でそれを補うことができる。一方、子どもたちは家族や社会にされるままである。歪んだ価値観に流される社会や家庭の中で、成長過程にある子どもたちこそ危うい。子どもたちに温かいスキンシップを十分に与え、さまざまな自然に直接触れ、自身の痛みも体験する場を与えることで、感性豊かな、人の痛みのわかる思いやりのある人間に育ててゆくことは、私たち大人の責任ではないだろうか。

参考文献

第1章　触れる！

Gardner, M.（芦ヶ原伸之訳）『自然の原理を知る手品』 2001 講談社

Ganong, W.F.（星猛他訳）『医科生理学展望』 1995 丸善

Gibson, J.J. 1986 "The ecological approach to visual perception." Hillsdale, NJ: Lawrence Erlbaum Associates.

伊藤薫 『脳と神経の生物学』 1975 培風館

岩村吉晃 『タッチ』＜神経心理学コレクション＞ 2001 医学書院

Lederman, S.J. & Klatzky, R.L. 1998 "The hand as a perceptual system." In K.J. Connolly (Ed.) The psychobiology of the hand, pp.16-35. Cambridge University Press.

Olausson, H. et al. 2002 "Unmyelinated tactile afferents signal touch and project to insular cortex." *Nature Neuroscience*, 5, 900-904.

Penfield, W. & Rasmussen, T. 1957 "In the cerebral cortex of man." New York: Macmillan.

Schmidt, R.F.（岩村吉晃訳）『感覚生理学』 1992 金芳堂

Taylor, M.M. et al. 1974 "Tactual perception of texture." Handbook of perception, pp.251-272. Academic Press.

Weinstein, S. 1968 "Intensive and extensive aspects of tactile sensitivity as a function of body part, sex, and laterality." In D.R. Kenshalo (Ed.) The Skin Senses, pp.195-222. Springfield, IL: Thomas.

第2章　痛い！

Berman, S. et al. 2000 "Gender differences in regional brain response to visceral pressure in IBS patients." *European Journal of Pain*, 4, 157-172.

Eisenberger, N.I. et al. 2003 "Does rejection hurt? An fMRI study of social exclusion." *Science*, 302, 290-293.

半場道子 『痛みのサイエンス』 2004 新潮社

東山篤規・宮岡徹・谷口俊治・佐藤愛子 『触覚と痛み』 2000 ブ

レーン出版
メルザック, R. ウォール, P.（中村嘉男監訳）『痛みへの挑戦』 1986 誠信書房
Singer, T. et al. 2004 "Empathy for pain involves the affective but not sensory components of pain." *Science*, 303, 1157-1162.
ウィトゲンシュタイン, L.（黒崎宏訳・解説）『哲学的探求 第1部』 1994 産業図書
Zborowski, M. 1969 "People in pain." San Francisco: Jossey-Bass.
Schouenborg, J. et al. 1992 "Functional organization of the nociceptive withdrawal reflexes II." *Experimental Brain Research*, 90, 469-478.

第3章 痒い！

アンジュ, D.（福田素子訳）『皮膚－自我』 1993 言叢社
Greaves, M.W. & Khalifa, N. 2004 "Itch: More than skin deep." *International Archives of Allergy and Immunology*, 135, 166-172.
Hsieh, J.C. et al. 1994 "Urge to scratch represented in the human cerebral cortex during itch." *Journal of Neurophysiology*, 72, 3004-3008.
Hama, H. et al. 1982 "Effects of counterirritation on experimentally produced itching." *Japanese Psychological Research*, 24, 188-194.
小林美咲 2000 「アトピー性皮膚炎患者の掻破行動の検討」『日本皮膚科学会誌』110, 275-282.
宮地良樹（編）『かゆみQ&A』 1997 医薬ジャーナル社
望月秀紀・谷内一彦 2006 「痒みに関する脳機能イメージング研究の展開」『日薬理誌』127, 147-150.
Shelley, W.B. & Arthur, R.P. 1955 "Studies on cowhage (mucumna pruriens) and its pruritogenic proteinase, muchunain." *Arch Dermatol*, 72, 399-406.
Schmid-Ott, G. et al. 2001 "Levels of circulating CD8 (+) T lymphocytes, natural killer cells, and eosinophils increase upon acute psychosocial stress in patients

with atopic dermatitis." *J Allergy Clin Immunol*, 107, 171-177.

第4章　くすぐったい！

Blakemore, S.J. et al. 2000 "Why can't you tickle yourself?" *Neuroreport*, 11, R11-16.

Darwin, C. 1931 "The expressions of the emotions in man and animals." London: John Murray.

Grimmelshausen, H.J.C. 1956 "Der abenteuerliche Simplicissimus Munchen." Winkler.

Hall, G.S. & Allin, A. 1897 "The psychology of tickling, laughing and the comic." *American Journal of Psychology*, 9, 1-44.

Harris, C.R. 1999 "The mystery of ticklish laughter." *American Scientist*, 87, 344-352.

Harris, C.R. & Christenfeld, N. 1999 "Can a machine tickle?" *Psychonomic Bulletin & Review*, 6, 504-510.

Harris, C.R. & Alvarado, N. 2005 "Facial expressions, smile types, and self-report during humour, tickle, and pain." *Cognition and Emotion*, 19, 655-669.

根ヶ山光一・山口創　2005 「母子におけるくすぐり遊びとくすぐったさの発達」『小児保健研究』64, 451-460.

Newman, B. et al. 1993 "Pavlovian conditioning of the tickle response of human subjects: temporal and delay conditioning." *Perceptual and Motor Skills*, 77, 779-785.

Panksepp, J. & Burgdorf, J. 2000 "50-kHz chirping (laughter?) in response to conditioned and unconditioned tickle-induced reward in rats: effects of social housing and genetic variables." *Behavioural Brain Research*, 115, 25-38.

Sroufe, L.A. & Wunsch, J.P. 1972 "The development of laughter in the first year of life." *Child Development*, 43, 1326-1344.

第5章　気持ちよい！

Dweck, C.S. 1975 "The role of expectations and attributions in the

alleviation of learned helplessness." *Journal of Personality and Social Psychology*, 31, 674-685.

Essick, G.K. et al. 1999 "Psychophysical assessment of the affective components of non-painful touch." *Neuroreport*, 10, 2083-2087.

Francis, S. et al. 1999 "The representation of pleasant touch in the brain and its relationship with taste and olfactory areas." *Neuroreport*, 10, 453-459.

桐生操 『世界性生活大全』 2004 文藝春秋

Mower, G.D. 1976 "Perceived intensity of peripheral thermal stimuli is independent of internal body temperature." *Journal of Comparative and Physiological Psychology*, 90, 1152-1155.

Rolls, E.T. et al. 2003 "Representations of pleasant and painful touch in the human orbitofrontal and cingulate cortices." *Cerebral Cortex*, 13, 308-317.

第6章　皮膚感覚と心

エアーズ（佐藤剛監訳）『子どもの発達と感覚統合』 1982 協同医書出版社

Eells, J.F. 1961 "Inconsistency of early handling and its effect upon emotionality in the rat." *Journal of Comparative and Physiological Psychology*, 54, 690-693.

Harlow, H.F. 1961 "The development of affectional patterns in infant monkeys." In B.M. Foss (Ed.) Determinants of infant behaviours, I. Methuen.

日比裕泰 『人物描画法』 1994 ナカニシヤ出版

イタール（古武彌正訳）『アヴェロンの野生児』 1975 福村出版

三木成夫 『内臓のはたらきと子どものこころ』 1982 築地書館

Rock, I. & Harris, C.S. 1967 "Vision and touch." *Scientific American*, 216, 96-104.

山口創・山本晴義・春木豊 2000 「両親から受けた身体接触と心理的不適応との関連」『健康心理学研究』 13, 19-28.

皮膚上のウサギ現象　195
表面痛　58
ファーストペイン　60
腹側脊髄視床路　26
扁桃体　159
防衛反射　82
報酬系　158
ホムンクルス　200
ポリモーダル　31

〈ま行〉

マイスナー小体　19
麻姑掻痒　112
末梢性の痒み　104
慢性痛　91
無髄線維　30
メルケル触盤　19
毛包受容器　20

〈や・ら行〉

有髄線維　30
痒点　100
ランナーズハイ　167
リストカット症候群　116
ルフィニ終末　19

〈人名〉

アーサー　108
アリストテレス　56, 126
イタール　203
ウィトゲンシュタイン　68
ウォール　65
エアーズ　209
オラッソン　32
ギブソン　37
小林美咲　116
シェリー　108
シェリントン　33
シュエンバーグ　83
シュタイナー　202
シュメルツ　109
シンガー　87
ズボルフスキー　79
スルーフェ　145
ダーウィン　127
デカルト　64
ニューマン　147
根ヶ山光一　149
ハーロー　203
ハフェンレファ　98
パブロフ　74
ハリス　133, 136, 140, 193
パンセップ　135
ビーチャー　74
マーチン　64
マウアー　172
三木成夫　191
メルザック　65, 69
モンテッソーリ　202
レウバ　147
レーダーマン　38
ロック　193
ワロン　85

情動　56
触覚ジャケット　50
触覚受容器　18
触覚抵抗　219
触覚盤　20
触覚防衛　210
心因性疼痛　91
侵害受容性疼痛　91
神経因性疼痛　91
神経成長因子　111
神経ペプチド　106
新脊髄視床路　61, 94
身体像　48, 199
身体的虐待　204
深部痛　58
心理的掻破　120
心理的縄張空間　53
錐体路　34
スウォドリング　164
趨触性　180
スクイーズマシーン　212
セカンドペイン　60
脊髄視床路　25
脊髄網様体路　63
前帯状回　63, 81
先天性無痛症　84
掻痒症　117
ソーシャル・
リファレンシング　71
側坐核　158
側部抑制　73, 109

〈た行〉

第一次体性感覚野　26
帯状疱疹後神経痛　91
体性感覚　16
第二次体性感覚野　27
大脳辺縁系　63
体表痛　58
抱っこ療法　119, 213
タッチケア　165
多発性神経障害　32
遅速Ｃ線維　31
中枢感作　92
中枢性の痒み　104
痛点　58
テクスチャー　22
島　32
逃避反射　82
特異性理論（痛みの）　64
特殊感覚　16
特殊説（痛みの）　64

〈な行〉

内因性モルヒネ様ペプチド
168
内臓痛　58
内側毛帯路　26
二点弁別閾　23
ニューロン　29
ネグレクト　204
ねじれ唇の錯覚　35
ノシセプチン　84

〈は行〉

パターン説（痛みの）　64
パチニ小体　19
発痛物質　60
ハプティクス　37
微細刺激　22
ヒスタミン　105
皮膚感覚　16, 50

さくいん

〈欧文〉

A10神経　158
Aα／Aβ線維　31
A／B／C線維　30
GC説　65
IASP　57
NGF　111
β-エンドルフィン　105, 167

〈あ行〉

アヴェロンの野生児　202
アクティブタッチ　37
アトピー性皮膚炎　110, 113
運動覚　25
運動感覚　33
遠隔感覚　43
エンケファリン　105
遠心コピー　40
オキシトシン　182
オノマトペ　215
オピオイドペプチド　67, 105
重いくすぐったさ　129

〈か行〉

ガーガレシス　129
外側脊髄視床路　61
仮現運動　195
下行抑制系（痛みの）　67
隔靴掻痒　112
痒み掻破サイクル　110
痒み特異的C線維　109
軽いくすぐったさ　128
感覚統合療法　209
急性痛　91
旧脊髄視床路　63, 94
吸啜－嚥下反射　48
共感覚　197
起痒物質　99
近接感覚　43
屈筋逃避反射　48
クニスメシス　128
グルーミング　151
ゲート・コントロール説
（痛みの）　65
（痒みの）　103, 110
嫌悪系　159
原始感覚　17
幻肢痛　91
口唇探索反射　48
五感　16
国際疼痛学会　57
固有感覚　16, 33

〈さ行〉

識別感覚　18
軸索反射　61, 106
シグモタクシス　180
自己意識　48
自傷行為　208
実体触知　24
シナプス　29
シネステジー　197
自閉的傾向　206
締めつけ機　212
自由神経終末　18
順応　20
上行系　67

N.D.C.141.24　229p　18cm

ブルーバックス　B-1531

皮《ひ》膚《ふ》感覚《かんかく》の不思議《ふしぎ》
「皮膚」と「心」の身体心理学

2006年10月20日　第1刷発行
2014年5月8日　第3刷発行

著者　山口《やまぐち》　創《はじめ》

発行者　鈴木　哲
発行所　株式会社講談社
〒112-8001 東京都文京区音羽2-12-21
電話　出版部　03-5395-3524
販売部　03-5395-5817
業務部　03-5395-3615
印刷所　（本文印刷）豊国印刷株式会社
（カバー表紙印刷）信毎書籍印刷株式会社
本文データ制作　講談社デジタル製作部
製本所　株式会社国宝社

定価はカバーに表示してあります。

ISBN4-06-257531-0

発刊のことば

科学をあなたのポケットに

二十世紀最大の特色は、それが科学時代であるということです。科学は日に日に進歩を続け、止まるところを知りません。ひと昔前の夢物語もどんどん現実化しており、今やわれわれの生活のすべてが、科学によってゆり動かされているといっても過言ではないでしょう。

そのような背景を考えれば、学者や学生はもちろん、産業人も、セールスマンも、ジャーナリストも、家庭の主婦も、みんなが科学を知らなければ、時代の流れに逆らうことになるでしょう。

ブルーバックス発刊の意義と必然性はそこにあります。このシリーズは、読む人に科学的に物を考える習慣と、科学的に物を見る目を養っていただくことを最大の目標にしています。そのためには、単に原理や法則の解説に終始するのではなくて、政治や経済など、社会科学や人文科学にも関連させて、広い視野から問題を追究していきます。科学はむずかしいという先入観を改める表現と構成、それも類書にないブルーバックスの特色であると信じます。

一九六三年九月

野間省一